L'Islam est-il notre avenir ?

Dépôt légal : octobre 2021
ISBN : 978-2-491446-65-9
www.nouvelle-librairie.com
La Nouvelle Librairie
11 rue de Médicis – 75006 Paris

Jean-Louis Harouel

L'Islam est-il notre avenir ?

La Nouvelle Librairie. éditions

Introduction

Professeur d'histoire dans un collège d'une petite ville proche de Paris, Samuel Paty a été tué et décapité le vendredi 16 octobre 2020 par un jeune musulman voulant le punir d'avoir montré à ses élèves une caricature de Mahomet, dans le cadre d'un cours d'éducation morale et civique consacré au thème de la liberté d'expression. Moins de deux semaines après, c'est dans une des plus importantes églises de Nice, la basilique Notre-Dame-de-l'Assomption, que trois fidèles catholiques ont été assassinés par un autre jeune musulman, sous l'effet du déchaînement de haine du monde musulman provoqué contre la France par le président Macron lorsqu'il a réaffirmé le principe de la liberté de pensée et d'expression, y compris dans ses formes provocatrices. Attaquée à travers Samuel Paty en tant que nation laïque, attaquée à Nice en tant que nation chrétienne, la France constitue dans les deux cas un objet d'abomination et de détestation pour un grand nombre de musulmans.

Or le problème de la France est qu'elle compte sur son sol une immense population musulmane. Il n'y a pas de chiffre officiel, mais des études sérieuses indiquent qu'il y a en France entre sept et dix millions de musulmans[1]. Ce qui signifie qu'au moins un habitant sur dix est musulman. Tel est le résultat de l'immigration de masse en provenance principalement d'Afrique que la France a laissée se développer, et qu'elle a même très fortement encouragée et facilitée en adoptant le principe du regroupement familial.

Et le malheur est que la France a parallèlement renoncé à ce qui était traditionnellement sa politique avec les immigrés, l'assimilation, qui exigeait d'eux une adhésion complète et sans réserve à l'identité française, au modèle français. Il aurait été possible de conditionner l'accueil de ces immigrés musulmans à

---

1. Gourévitch (Jean-Paul), *Les véritables enjeux des migrations*, Paris, Éd. du Rocher, 2017. Vermeren (Pierre), *Déni français*, Paris, Éd. Albin Michel, 2019, p. 199.

une adhésion explicite à la nation française et à son modèle de civilisation. Mais on ne l'a pas fait. Cela aurait d'ailleurs été difficile car cette immigration, porteuse d'une civilisation antagoniste de la civilisation européenne, était beaucoup trop nombreuse pour que puisse bien s'opérer le classique processus d'assimilation. On assimile des individus, on n'assimile pas des groupes ethniques se comptant par millions de personnes. De toute manière, on n'a même pas essayé. Les différents gouvernements qui se sont succédés en France depuis un demi-siècle ont tiré fierté de leur répudiation du principe de l'assimilation des immigrés, au point que le terme est devenu politiquement incorrect. On s'est glorifié de laisser les musulmans conserver leur identité. Et, comme ils étaient très nombreux, ils l'ont conservée collectivement, ce qui les a amenés à faire société, à constituer une société particulière au sein de la société française : une société musulmane.

On a laissé à ces millions de musulmans la possibilité d'importer en France les habitudes et les façons de penser et de vivre de leurs pays d'origine. Bien que massivement admises à la nationalité française, ces vastes populations musulmanes entendent se prévaloir des règles de droit fixées par l'islam et des modes de vie prescrits par lui. Méprisant ou ignorant les lois de la République française ainsi que les mœurs et les mentalités de la population française d'origine, ils ont la prétention de vivre en France comme ils vivraient dans un pays musulman. Du fait de leur nombre, ils ont un sentiment d'appropriation collective du sol français et se sentent en terre d'islam.

Et cette impression est fondée sur une réalité. Comme en terre d'islam, les musulmans vivant en France ont leurs mosquées, les femmes voilées circulent dans les rues et les fillettes peuvent être voilées sans réaction de la part des services de protection de l'enfance ; les burkinis se multiplient sur les plages et dans les piscines, où des horaires sont réservés aux femmes ; les pères, les maris et les frères refusent l'examen des femmes musulmanes par des médecins de sexe masculin ; il y a des salles de prière dans les entreprises, les commerces halal se sont multipliés de même que les rayons halal dans les supermarchés et une grande partie de la viande consommée en France (y compris par les non-musulmans) est abattue selon le rite halal. Sans compter que les pouvoirs publics ferment les yeux sur des violations majeures de la loi française, renonçant à faire respecter l'interdiction de la polygamie (ce qui permet à certains pères polygames de bénéficier de très gros revenus en additionnant les prestations familiales reçues au titre de leurs dizaines d'enfants) et tolérant que de très nombreux musulmans se marient religieusement sans mariage civil préalable – ce qui laisse l'épouse sans ressources en cas de répudiation[2]. Se sentant de moins en moins dans un pays d'accueil et de plus en plus en terre d'islam, les musulmans de France ont le sentiment de former une société qui peut légitimement obéir à ses propres normes. Il y a eu sur une partie du sol français formation d'un autre pays que la France : un pays musulman.

L'islam a obtenu la satisfaction de toutes ses revendications cultuelles, vestimentaires, alimentaires et autres en présentant tout refus comme discriminatoire et en réclamant systématiquement le respect des droits fondamentaux. Et la crainte des pouvoirs publics d'être accusés de stigmatiser les musulmans a fait le reste, entraînant toutes les reculades et tous les abandons. Le résultat

2. CHOFFÉE-HAROUEL (Sigrid), *La mairie avant la mosquée*, Paris, Éd. Jean-Cyrille Godefroy, 2011.

est que la France est devenue aujourd'hui un pays en bonne partie musulman. Dans son rapport avec le christianisme, la France est un pays qui est depuis plus d'un siècle sorti de la religion ; dans son rapport avec l'islam, la France est un pays qui se trouve de plus en plus contraint d'opérer son retour sous la domination de la religion.

Marcel Gauchet a montré que le christianisme avait été historiquement « la religion de la sortie de la religion ». Ce qui veut dire qu'il a engendré – de manière certes inconsciente et non voulue, mais pourtant bien réelle – le « recul de l'emprise organisatrice du religieux sur la vie des sociétés », avec pour conséquence ultime le passage à « une société entièrement dégagée de l'emprise structurelle de la croyance ». Sous l'effet des logiques inhérentes au christianisme, les sociétés européennes sont progressivement sorties de « l'organisation complète du champ humain-social par la religion ». Sans que cela ait empêché le maintien « d'une vie religieuse à l'échelle des personnes », il y a eu « *sortie de la structuration religieuse des sociétés* ». Pour l'ensemble du monde occidental, Marcel Gauchet a pu écrire : « L'âge de la religion comme structure est terminé. »[3]

Or, ce qui caractérise l'islam à travers toute son histoire, c'est précisément la structuration religieuse de la société. Au contraire des sociétés d'origine chrétienne et aujourd'hui sécularisées, le monde musulman n'est pas sorti de l'âge de la religion comme structure. Et, maintenant, le monde musulman s'est installé dans toute l'Europe occidentale, et tout particulièrement en France. Une grande partie des musulmans installés en France parviennent à vivre dans une société particulière qui est structurée religieusement par l'islam, mais cela ne leur suffit pas et ils revendiquent que ce système de la structuration religieuse de la société par l'islam soit étendu à l'ensemble de la société française. S'ils y parviennent un jour, ce sera un retour dans « l'âge de la religion comme structure », mais cette fois sous la domination de cette religion infiniment plus structurante que ne le fut jamais le christianisme qu'est l'islam.

Le christianisme a été la religion de la sortie de la religion. L'islam va-t-il être pour

---

3. GAUCHET (Marcel), *Le désenchantement du monde*, Paris, Éd. Gallimard, 2004 [1985], p. 133-134, 246 ; *Le religieux après la religion*, Paris, Éd. Grasset, 2004, p. 54, 56.

nous la religion de la rentrée dans la religion ? Les Européens vont-ils se laisser soumettre à un retour de l'emprise organisatrice du religieux sur la vie de la société ? Et d'un religieux qui nous est radicalement étranger, aux antipodes de la tradition européenne, dès lors que l'islam contredit presque en tout notre histoire, notre civilisation, nos habitudes mentales et nos modes de vie.

Cela me conduit à réitérer, en l'élargissant à l'Europe entière, la question que je posais déjà voici cinq ans[4] : « La France parviendra-t-elle à ne pas se laisser entraîner dans l'orbite du monde arabo-musulman ? » La question mérite d'autant plus d'être posée à nouveau que le processus de la conquête musulmane n'a entre-temps pas cessé de s'amplifier[5].

Présente dès le départ, la volonté de l'islam[6] de s'emparer de l'Europe a-t-elle aujourd'hui

---

4. Harouel (Jean-Louis), *Les droits de l'homme contre le peuple*, Éd. DDB, 2016.

5. Micheron (Hugo), *Le Jihadisme français*, Éd. Gallimard, 2020. Rougier (Bernard) dir., *Les territoires conquis de l'islamisme*, PUF, 2020.

6. L'islam dont il est question ici est l'islam sunnite, dès lors que c'est lui seul qui, à travers l'histoire, s'est lancé à la conquête de l'Europe et continue à le faire.

plus de chances de se réaliser que par le passé ? La recherche d'une réponse à cette question passe par toute une série d'autres questionnements. Quels sont les atouts qui ont permis à l'Europe occidentale, partie de très bas, de dépasser le monde musulman alors que celui-ci s'était imposé d'emblée comme une très grande puissance ? Comment s'explique la tendance au statisme qui a provoqué au cours des siècles le déclassement du monde musulman par rapport à l'Europe occidentale ? Y a-t-il des incompatibilités absolument irréductibles entre l'islam et la civilisation occidentale ? La violence exercée au nom d'Allah qui frappe régulièrement l'Europe est-elle inhérente à l'islam ou constitue-t-elle une pathologie de celui-ci ? Alors que la conquête musulmane de l'Europe occidentale a été rejetée il y a un millénaire par la vigoureuse résistance des Européens, leur actuelle capacité de résistance est-elle à la mesure de ce qu'elle fut jadis ? Et si tel n'est pas le cas, comme on ne le voit malheureusement que trop, pour quelles raisons l'Europe est-elle aujourd'hui désarmée face à l'action conquérante de l'islam ?

L'esprit de conquête de l'islam contre l'Europe

« Combattez dans le chemin d'Allah », prescrit le Coran aux croyants[7]. La guerre de conquête est constitutive du message que les musulmans considèrent que Dieu a envoyé aux hommes par l'intermédiaire de son prophète Mahomet. Et le succès fulgurant de la conquête arabe a conforté les musulmans dans l'idée que Dieu avait tenu la promesse faite à son prophète et que l'islam était la vérité[8]. Les musulmans doivent combattre les infidèles jusqu'à ce que « la religion soit entièrement à Allah »[9]. À ceux qui combattent dans le sentier d'Allah, qu'ils soient

7. Coran, 2, 190, 244, etc.

8. Micheau (Françoise), « Les Arabes à la conquête du monde », *L'Histoire*, n° 157, juillet-août 1992.

9. Coran, 8, 39.

vainqueurs ou qu'ils soient tués, le Coran a promis « une énorme récompense »[10]. Pour les uns, ce sera la richesse en ce monde grâce aux bénéfices de la victoire, et pour les autres, les jouissances très sensuelles du jardin d'Éden[11].

La conquête musulmane s'est étendue des rivages de l'Atlantique jusqu'à l'Inde en passant par la Perse, mais c'est surtout la chrétienté qui en a été la victime. Dès ses commencements, l'islam s'est emparé de la plus grande partie de ce qui subsistait, sous l'autorité de l'empereur de Constantinople, de l'empire romain chrétien. Sont ainsi tombées sous la domination des Arabes la Syrie et l'Égypte (636-646), puis toutes les provinces byzantines de l'Afrique du Nord, bientôt suivies par le royaume wisigoth d'Espagne. En conséquence de la conquête musulmane de la partie restée riche et hautement civilisée du monde antique, la religion chrétienne s'est trouvée au Moyen Âge pour l'essentiel cantonnée dans la partie barbarisée, appauvrie et déculturée de l'ancien empire romain : sa partie européenne occidentale. Et l'enfermement du christianisme dans ce

10. *Ibid.*, 4, 74.

11. *Ibid.*, 60, 12-13.

réduit sera ultérieurement encore accru par les conquêtes d'un nouvel empire musulman méditerranéen, l'empire ottoman, qui va s'emparer de Constantinople et de vastes territoires dans l'Europe balkanique. Restée préservée des attaques de l'islam dans son bastion de l'Europe occidentale, la religion chrétienne a survécu essentiellement grâce aux Européens. Pendant un millénaire, elle a été leur religion identitaire.

Dans l'histoire, il y a eu presque constamment entre l'Europe et l'islam antinomie et incompatibilité. C'est en repoussant les entreprises conquérantes de l'islam, ou en se libérant des occupations qu'il avait établies, que l'Europe a pu réussir à rester l'Europe. Sinon, elle serait devenue dans le domaine de la civilisation ce qu'elle est géographiquement, c'est-à-dire un petit cap de l'Asie. Et il ne fait pas de doute que les populations européennes des Balkans qui ont pendant des siècles été englobées dans l'empire ottoman, et donc placées sous le joug de l'islam, se sont de ce fait trouvées condamnées à vivre comme en Asie.

Au haut Moyen Âge, la notion même d'Européen est née de l'affrontement avec l'islam. Relatant la victoire de Charles Martel sur les troupes musulmanes du gouverneur d'Espagne, près de Poitiers, le 25 octobre 732, un chroniqueur anonyme chrétien vivant à Cordoue exprime l'opposition radicale entre les conquérants arabo-musulmans et les peuples européens. Pour parler de l'armée des Francs, il utilise le terme « les gens d'Europe »[12].

Les gens d'Europe face aux musulmans : après plus de mille ans, nous y voici revenus du fait de l'immigration musulmane qui a en partie submergé le continent européen et menace de le faire bien plus encore demain. Certes, ce n'est plus cette fois-ci une conquête armée, mais c'est une conquête tout de même.

L'islam d'aujourd'hui à la conquête de l'Europe

Aussi bien les dirigeants de l'Union européenne que ceux des pays de l'Europe occidentale s'accordent à nier que l'islam soit non seulement une religion mais encore une civilisation, et une civilisation hostile à la civilisation européenne. Ils se refusent à voir

12. RICHÉ (Pierre), *Les Carolingiens*, Paris, Hachette, 1983, p. 54.

l'évidence, qui est que l'Europe est actuellement victime de l'entreprise conquérante de la civilisation musulmane.

Pourtant, la réalité de la volonté de conquête est très explicite dans certains milieux musulmans, ainsi qu'en témoignent les paroles historiques prononcées à Rome en 2002 par le cheikh Youssef al-Qaradâwî, « maître à penser mondial des Frères musulmans »[13] : « Avec vos lois démocratiques, nous vous coloniserons. Avec nos lois coraniques, nous vous dominerons. »[14] Une mise au point très claire, qui montre de surcroît le rôle déterminant joué dans cette conquête par la mise à profit des droits de l'homme. Au point que le même personnage, s'exprimant le 27 juillet 2007 sur QatarTV n'excluait pas que la conquête par l'islam des

---

13. Vermeren (Pierre), *Déni français*, p. 234. C'est une personnalité majeure de l'UEOI (Union des organisations islamiques européennes), organisation très proche des Frères musulmans, dont la branche française a longtemps été l'UOIF (Union des organisations islamiques françaises), récemment renommée les Musulmans de France.

14. Cité par Claude Sicard *in Le face-à-face islam-chrétienté,* Paris, Éd. François-Xavier de Guibert, 2008, p. 316-317.

pays européens puisse se faire sans combats et sans effusion de sang, par des moyens pacifiques[15]. Du moins se montre-t-il certain que l'Europe va tôt ou tard finir par tomber sous la domination de l'islam. Se fondant sur une parole du Prophète qui avait annoncé que les musulmans s'empareraient successivement de Constantinople puis de Rome, le cheikh ne doute pas que l'islam, « par la prédication et l'idéologie », n'opère, dans cette Europe dont il a été chassé deux fois, son retour définitif « en conquérant et en vainqueur »[16].

Tel qu'il se révèle dans les paroles prononcées à Rome par le cheikh al-Qaradâwî, le plan des Frères musulmans est la formation en Europe occidentale d'États musulmans. Car l'islam est « religion et État, foi et loi, culte et commandement, Livre et épée, prière et djihad, tout à la fois, sans division aucune ». Étant politique et juridique bien plus que religieux au sens strict, l'islam a intrinsèquement vocation à prendre une dimension étatique, soit que des musulmans se taillent dans certaines zones de l'Europe occidentale

15. http://www.memritv.org/clip/en /1592.htm
16. Cité par Philippe de Villiers *in Les cloches sonneront-elles encore demain ?*, Paris, Éd. Albin Michel, 2016, p. 46-47.

des enclaves pouvant acquérir le statut d'un État, soit que des pays entiers basculent un jour sous le joug de l'islam.

En attendant, l'islam impose aux Européens un conflit de civilisations en s'invitant et s'incrustant avec aplomb sur leur sol tout en refusant de se fondre dans la société sécularisée produite par près de deux millénaires de chrétienté occidentale, et dont les membres, quand bien même ils ne seraient plus religieusement des chrétiens, n'en portent pas moins profondément l'empreinte du christianisme, ce qui fait des modernes que nous sommes – athées et anticléricaux compris – qu'on le veuille ou non des chrétiens[17].

Dans les pays d'Europe occidentale, l'islam submerge des territoires entiers et y installe avec arrogance sa civilisation, son droit, ses mentalités, ses modes de vie. Ce qui a pour effet de déposséder les habitants légitimes et de les expulser vers d'autres zones. Même si toutes les personnes se réclamant de l'islam ne sont pas des terroristes en puissance, et bien loin de là, un très grand nombre d'entre elles se sentent en conflit de civilisations avec la France et les autres pays

---

17. Gauchet (Marcel), *Le désenchantement du monde*, p. 202.

européens. Le port systématique du foulard ou du voile islamique en est un signe majeur. Brandi comme un étendard, le folklore identitaire musulman est le terreau où se nourrit le djihadisme qui a une fois de plus tué si sauvagement en France en octobre 2020. Et il n'est pas anodin que de nombreuses mosquées créées en France aient reçu un nom exprimant clairement la volonté d'une conquête musulmane victorieuse[18].

Cette conquête silencieuse de l'Europe occidentale par l'islam se fait avec la complicité active ou passive des dirigeants politiques. Quand ils se préoccupent de l'islam, ils le font toujours sous le seul angle de la liberté religieuse et de la non-discrimination. Ils veulent ignorer que les musulmans ne sont que secondairement les fidèles d'une religion, et que pour la plupart d'entre eux, ils forment avant tout un groupe identitaire politico-religieux d'origine étrangère. Un groupe identitaire antagoniste des Européens, se réclamant d'une civilisation totale dans laquelle la politique, le droit, la religion et les mœurs forment un bloc indissociable. Un groupe identitaire qui est en train de conquérir des morceaux du territoire de

18. Vermeren (Pierre), *Déni français*, p. 237.

l'Europe occidentale et tout particulièrement de la France.

Pourtant, tous les musulmans – et tant s'en faut – ne se perçoivent pas comme des conquérants. Mais cela ne les empêche pas objectivement d'en être. Jadis, les Ostrogoths, les Wisigoths ou les Burgondes autorisés à s'installer dans l'empire romain d'Occident n'eurent pas au départ le sentiment d'être des conquérants. Mais, deux générations plus tard, ces peuples barbares migrants avaient pris le pouvoir et s'étaient taillé des royaumes sur le territoire de l'empire anéanti.

Certes, bien des personnes de confession ou d'origine musulmane ne se sentent nullement ennemies de la France, mais l'islam en tant que corps de doctrine l'est bel et bien. Il est l'ennemi à la fois du passé chrétien de la France et de son actuelle sécularisation. Pour l'essentiel, l'islam est aujourd'hui hostile à la France, hostile à l'Europe. Si bien que l'intégration des populations immigrées originaires des pays musulmans est inversement proportionnelle à leur attachement à l'islam.

Cet attachement n'est plus parfois qu'un vague souvenir, ou même a totalement disparu. Un certain nombre de Français d'ascendance musulmane sont aujourd'hui entièrement sécularisés et heureux de l'être, y compris dans les jeunes générations. Il n'y a rigoureusement plus rien de musulman en eux. Ils sont parfaitement assimilés. Mais ils ne représentent qu'une petite minorité. De la même manière que sont une étroite minorité ceux qui, au sein de la population de tradition musulmane, se réclament d'un loyalisme sans faille envers la patrie française.

Pour l'essentiel, les populations originaires de pays musulmans, dont l'importance numérique a énormément grandi du fait d'une immigration incessante et d'une natalité élevée, rejettent aujourd'hui la civilisation européenne qui est, qu'on le veuille ou non, de « marque chrétienne[19] ». Elles ne se reconnaissent que dans la civilisation musulmane.

La civilisation musulmane et celle de l'Europe occidentale sont porteuses de deux héritages historiques ennemis et *a priori* inconciliables. Cela empêche un grand nombre de musulmans d'adhérer vraiment à la nation France[20]. « La nation est une âme »,

---

19. Manent (Pierre), *Situation de la France*, Paris, Éd. DDB, 2015.

20. En référence au titre du beau livre de Colette Beaune, *Naissance de la nation France*, Paris, Éd.

disait Renan[21]. Au lieu de quoi on assiste aujourd'hui au choc de deux âmes adverses, de deux nations. Alors que Renan célébrait le « legs de souvenirs » suscitant le désir de vivre ensemble, le heurt de deux legs de souvenirs antagonistes est générateur d'une hostilité. Dans la mesure où elles sont profondément attachées à l'islam, les personnes d'ascendance musulmane vivant en France ne peuvent éprouver que de l'antipathie à l'égard de cet héritage d'histoire et de civilisation qu'est la nation France. Leur sympathie est réservée à leur civilisation d'origine, c'est-à-dire à l'islam.

La chose est manifeste dans les écoles où la masse des élèves musulmans fait régner un obscurantisme bigot qui interdit de rien dire qui heurte les croyances ou la susceptibilité de l'islam. Dans certaines classes, on ne peut parler ni de Voltaire ni de Darwin sans susciter l'émeute. Des événements fondateurs de l'Europe, comme la bataille de Poitiers de 732 ou la résistance victorieuse de Vienne aux sièges ottomans de 1519 et de 1683, sont irrecevables par des élèves musulmans. De

---

Gallimard, 1985.

21. « Qu'est-ce qu'une nation ? », conférence du 11 mars 1882.

même qu'est rejeté tout ce qui est relatif à la traite musulmane des Noirs, ainsi que le rôle important joué par des musulmans dans l'alimentation de la traite européenne. Les élèves et leurs parents contestent le propos des professeurs, qu'ils taxent d'islamophobie. Encore heureux quand le professeur n'est pas insulté, frappé, voire assassiné, tel Samuel Paty.

En tant que groupe politique, l'islam est hostile à l'idée d'appartenance au monde européen. Cela peut faire de certains musulmans de véritables ennemis de l'intérieur. L'auteur des tueries de Montauban et de Toulouse en mars 2012 était un jeune homme issu d'une famille d'origine algérienne vouant à la France une grande haine[22].

Certaines parties de l'espace européen sont considérées par les musulmans qui y vivent comme étant terre musulmane. En 2002, un iman de Roubaix a déclaré qu'il serait impur – *haram* – que Martine Aubry, alors maire de Lille, vienne le rencontrer dans son quartier car c'était un territoire musulman. Or les musulmans dominent désormais ou sont en position de dominer diverses grandes villes européennes. Et les

---

22. Kepel (Gilles), *Terreur dans l'hexagone*, Paris, Éd. Gallimard, 2015, p. 117-118.

anciennes puissances coloniales ne sont pas seules touchées. Bien que la Suède n'ait pas eu de colonies, 90 % des femmes circulent voilées à Rosengård, banlieue de Malmö[23]. Rien d'étonnant si ces populations n'éprouvent en règle générale guère d'attachement envers le pays qui les a accueillies.

Les musulmans appartiennent avant toute chose à l'*oumma*, à la nation musulmane constituée par l'ensemble de tous les croyants. Ce n'est que secondairement qu'ils sont Syriens, Égyptiens, Algériens, Tunisiens, et bien plus secondairement encore Français, Belges, Néerlandais ou Américains. L'idée de nation particulière est étrangère à la civilisation musulmane. On ne peut donc pas raisonnablement s'attendre à ce que des musulmans convaincus soient nombreux à placer leur appartenance à une nation occidentale avant leur appartenance à l'islam. Psychiatre américaine d'origine syrienne, Wafa Sultan considère qu'un musulman vivant aux États-Unis est obligé de « mettre un masque » pour préserver ses intérêts, mais qu'il « ne peut jamais

---

23. Caldwell (Christopher), *Une révolution sous nos yeux*, Paris, Éd. du Toucan, 2011, p. 169, 188, 189.

se libérer de sa vraie nature islamique »[24]. C'est encore plus vrai en Europe, où les musulmans ne se sentent pas obligés de camoufler leurs sentiments, si bien qu'ils manifestent plus facilement leur désintérêt ou leur antipathie pour la nation d'accueil, et leur attachement à leur propre civilisation, l'islam.

Tels sont les principaux ressorts de ce que le président Macron appelle « le séparatisme islamiste »[25], même si le mot rend mal compte de la réalité de la chose. En effet, quand, dans un pays donné, « un projet conscient, théorisé, politico-religieux » porté par une immigration issue d'une civilisation étrangère et se réclamant d'elle aboutit à « la constitution d'une contre-société » prétendant vivre selon les règles de cette civilisation étrangère, et même y soumettre la population autochtone du pays d'accueil, le terme qui s'impose est celui de colonisation. C'est par cette colonisation musulmane, qui s'empare de portions croissantes de l'espace européen en y faisant régner sa loi, que s'accomplit sous nos yeux la

---

24. SULTAN (Wafa) *in Islamisme. Comment l'Occident creuse sa tombe*, dir. H. Zanaz, Paris, Éditions de Paris, 2013, p. 43-44.

25. Emmanuel Macron, « Discours sur la lutte contre le séparatisme », 2 octobre 2020.

conquête silencieuse de l'Europe par l'islam, laquelle n'est au demeurant que l'aboutissement d'une volonté millénaire de s'emparer de notre continent.

Une volonté musulmane millénaire de conquérir l'Europe

L'Espagne en a été la première victime. Envahie en 711 par une armée venue d'Afrique du Nord et conquise en cinq ans par les musulmans, elle devient Al-Andalus. C'est une province de l'empire du calife omeyyade de Damas, puis un royaume indépendant[26]. N'échappe qu'un petit réduit chrétien dans la région des monts Cantabriques, qui prend le nom de royaume des Asturies.

Puis, en 717, les musulmans passent sur le sol de la France actuelle, dans ce qui s'appelait alors la Septimanie. Prise en 720, Narbonne devient le chef-lieu d'une province omeyyade

26. Après le massacre des Omeyyades (750) et leur remplacement par les califes abbassides qui transfèrent la capitale à Bagdad, le seul Omeyyade rescapé fait de l'Espagne son royaume : l'émirat de Cordoue. Un de ses successeurs, en 929, prendra le titre suprême de calife.

rattachée à Al-Andalus. Puis la conquête s'étend vers la Provence et l'Aquitaine. Saccageant tout sur leur passage, les musulmans sont finalement arrêtés par Charles Martel. Cette fameuse bataille de Poitiers, dont il est aujourd'hui à la mode de nier l'importance, marque un point d'arrêt à l'avance de la conquête musulmane en Europe occidentale.

La chance historique des Européens fut que la grande offensive musulmane du VIIIe siècle ait trouvé en face d'elle dans le royaume des Francs un pouvoir fort et résolu, du fait de la montée en puissance de la famille gouvernante formée par Charles Martel, son fils Pépin le Bref qui deviendra roi en 751, et son petit-fils Charlemagne. Les Carolingiens vont non seulement bloquer la conquête musulmane mais provoquer son reflux. Charles Martel ayant repris plusieurs villes de Provence et de Septimanie, Pépin reprend Narbonne après quarante ans d'occupation musulmane (759) et il passe en Espagne, chassant les musulmans d'une large bande de territoire située au sud des Pyrénées. Dans l'espace ainsi libéré et intégré au royaume des Francs, sont créés plusieurs comtés dont le plus important est celui de Barcelone. C'est la marche d'Espagne, glacis protecteur entre le royaume franc et l'Espagne musulmane.

Profitant de l'affaiblissement du pouvoir franc après la mort de Charlemagne, les musulmans vont opérer un retour offensif en Provence, prenant et pillant Marseille en 838. Vers la fin du IXe siècle, ils s'installent dans une partie montagneuse de la côte provençale – le massif des Maures – en un lieu appelé Fraxinetum (Le Freinet). Depuis ce repaire de « combattants de la foi » mentionné par les géographes arabes, sont lancées des razzias sur la Provence, l'Italie du Nord et les Alpes. Cependant, ayant capturé et rançonné en 972 un des personnages les plus considérables du temps, Maïeul, abbé de Cluny, légat du pape et ami de l'impératrice germanique, les musulmans du Freinet seront chassés par une guerre de libération décidée par le comte de Provence.

Parallèlement, la marche d'Espagne créée par les Carolingiens ayant donné naissance à plusieurs petits États chrétiens[27] venus s'ajouter au royaume des Asturies (devenu par agrandissement royaume de León), cela va permettre au XIe siècle le commencement du mouvement de reconquête chrétienne.

---

27. Comté de Barcelone, royaumes d'Aragon, de Navarre, de Castille.

En 1212, la victoire des royaumes chrétiens coalisés[28] à Las Navas de Tolosa sera rapidement suivie d'une reconquête presque totale de la péninsule ibérique, où ne subsistera de manière résiduelle, jusqu'en 1492, qu'un petit État islamique : le royaume de Grenade.

Beaucoup plus difficile et moins durable que celle de l'Espagne a été la conquête musulmane de la Sicile. Après le débarquement de 827 et la prise de Palerme en 831, il faudra encore trois quarts de siècle aux musulmans pour terminer la conquête. La Sicile musulmane était un émirat dirigé par la dynastie des gouverneurs de Kairouan, fidèles aux califes abbassides, puis par les califes fatimides d'Égypte.

Depuis la Sicile, les musulmans passèrent aisément en Italie du Sud où ils multiplièrent les attaques et les pillages, détruisant Capoue et menaçant Rome à plusieurs reprises. Même, il y a eu au milieu du IXe siècle création d'un émirat à Bari, dans les Pouilles, d'où partirent d'innombrables coups de main, comme l'incendie d'Ascoli ou le pillage des grands monastères du Mont-Cassin et de Saint-Vincent du Volturne. Reconnu officiellement par le calife

---

28. Ces royaumes étaient : Castille, León, Navarre, Aragon et Portugal.

abbasside, l'émir de Bari était assez puissant pour obliger le prince de Bénévent à lui payer tribut et à lui remettre des otages. Appelé au secours, l'empereur carolingien Louis II, fils de Lothaire, après avoir appelé tous les hommes libres d'Italie à lutter contre les musulmans, mettra fin, en 871, à l'existence de l'émirat de Bari[29].

Mais c'est seulement au XIe siècle qu'il sera mis fin à la domination musulmane sur la Sicile par des soldats de fortune venus de Normandie. Devenu vassal du pape en qualité de duc de Pouilles, Robert Guiscard reçoit en outre la seigneurie de la Sicile, à charge de la reprendre aux musulmans. Il s'y lance dès 1060 avec l'aide de son jeune frère Roger. En 1072, c'est la prise de Palerme et la reconquête de la grande île sera achevée à la fin du siècle.

Aussi bien la puissance militaire musulmane avait-elle, dès le IXe siècle, établi sa domination sur la Méditerranée. Les flottes de guerre et les navires pirates partaient en grand nombre des ports du littoral africain et de celui d'Al-Andalus, mais les îles conquises par l'islam constituaient elles aussi des nids de pirates particulièrement redoutables. Du

---

29. Riché (Pierre), *op. cit.*, p. 181-192.

fait de la possession de la Sicile, de celle de la Crète de 827 à 961, ainsi que de la conquête de Malte en 870 et des Baléares en 902, sans parler des occupations plus brèves de la Sardaigne (710-778 et 1014-1017), ni des razzias lancées vers la Corse et à partir d'elle, la Méditerranée occidentale était devenue une mer musulmane. D'où la boutade du grand historien arabe Ibn Khaldoun écrivant qu'en ce temps-là les chrétiens ne pouvaient même pas y faire flotter une planche.

Après quelques siècles de répit pour l'Europe du fait de l'affaiblissement de la puissance arabe – période durant laquelle les Européens vont même inverser les rôles en essayant de reprendre, avec les croisades, une petite partie de ce qui avait été raflé jadis par la *blitzkrieg* des débuts de l'islam –, une nouvelle offensive de conquête musulmane va commencer au XIVe siècle. Un nouvel empire vient alors prendre le relais des Arabes dans la volonté musulmane de s'emparer de l'Europe : l'empire ottoman, ou empire turc. Ayant pris l'Anatolie à Byzance et récupéré la plupart des fragments disjoints de l'ancien empire arabe, les Ottomans vont à partir de 1354 conquérir l'Europe balkanique et une partie de l'Europe centrale. Ils s'emparent des territoires byzantins d'Europe, notamment de la Grèce, ils détruisent le royaume de Serbie, ils s'emparent pour un temps de la Croatie et de la Dalmatie. Et puis, en 1453, c'est la prise de Constantinople par les Turcs. Constantinople, cette ville fabuleuse qu'on appelait la seconde Rome, devient la capitale de ce nouvel et immense empire musulman qui va récupérer à son profit le prestige du titre de calife, de chef suprême de l'islam[30].

Au XVIe siècle, moment de son apogée, l'empire ottoman s'étend de l'Afrique du Nord jusqu'à l'actuel Irak, et de l'Arabie à la Hongrie. Appelée par les chroniqueurs turcs « l'armée de l'islam »[31], l'armée ottomane a poussé son avantage vers l'ouest et vaincu en 1526 le royaume de Hongrie. Si bien que la plus grande partie du territoire hongrois va devenir province ottomane et passer sous

---

30. Ayant en 1517 fait la conquête de l'Égypte où la descendance des Abbassides avait maintenu le titre de calife, les sultans ottomans se sont souvent présentés comme les « détenteurs du califat ». SOURDEL (Dominique et Janine), *Dictionnaire historique de l'islam*, Paris, PUF, 1996, V° « Califat », p. 181.

31. TCHÉLÉBI (Evlyâ), *La guerre des Turcs*, Éd. Actes Sud, 2000.

la coupe de l'islam pour plus d'un siècle. Également durant le XVIe siècle, la conquête musulmane s'est faite aussi au détriment du royaume de Pologne, qui a perdu le territoire correspondant à l'actuelle Roumanie[32]. Dès lors que l'empire ottoman s'étendait à l'ouest presque jusqu'aux frontières de l'Autriche et de la Bohême, la nouvelle victime désignée de la conquête musulmane était désormais Vienne, la capitale des empereurs Habsbourg. Ce furent les sièges de 1529 et de 1532, et surtout le célèbre siège de 1683. Une grande armée turque ayant mis le siège devant Vienne, cela provoqua dans tout le Saint-Empire et même au-delà une véritable panique. Mais l'armée de secours conduite par le roi de Pologne Jean Sobieski fut victorieuse des Ottomans, ce qui sauva Vienne. Et l'Autriche se lança alors dans un commencement de reconquête, les Habsbourg reprenant aux Turcs la Hongrie et la Transylvanie. Ce fut la fin de l'entreprise musulmane de conquête de l'Europe centrale. Mais ce ne sera qu'au XIXe siècle qu'interviendront, en commençant par la Grèce, les guerres de

32. La Valachie, la Moldavie et la Transylvanie devinrent des principautés vassales. La Bessarabie devint un territoire de l'empire ottoman.

libération des peuples européens des Balkans tombés pendant des siècles sous le joug de l'islam.

Parallèlement aux conquêtes de l'« armée de l'islam », la flotte de guerre ottomane a longtemps dominé la Méditerranée et était réputée invincible. Du moins jusqu'à la bataille de Lépante où, venant de conquérir Chypre quelques années plus tôt, elle fut vaincue en 1571 par les flottes coalisées des États du pape, de l'Espagne et de Venise. Cela n'empêcha pas les Ottomans de s'emparer de la Crète un siècle plus tard, mais le temps de leur suprématie navale incontestée était révolu. Pourtant, la présence musulmane en mer allait continuer de représenter un grave danger pour les Européens, notamment du fait de l'intense activité des corsaires d'Afrique du Nord. Tout comme le port marocain de Salé (face à l'actuel Rabat), des ports comme Alger, Oran, Tunis et Tripoli vivaient à peu près exclusivement du pillage maritime, dans lequel la capture de chrétiens pour les vendre comme esclaves tenait une très grande place. Capturés en mer ou razziés dans les régions côtières – et cela jusqu'en Irlande et même en Islande –, plus d'un million d'Européens furent ainsi réduits en esclavage par les musulmans entre le XVIe et le XIXe siècle[33]. Un débarquement de Charles Quint à Alger, puis le bombardement de cette ville de l'ordre de Louis XIV n'y changèrent rien. Ce sera seulement à la suite de la prise d'Alger par les Français, en 1830, que va cesser le fructueux trafic des Européens capturés pour être vendus sur les marchés aux esclaves du Maghreb.

Le cœur de l'identité européenne : le refus de l'islam

Parler d'une identité européenne née de l'histoire des peuples européens est aujourd'hui extrêmement mal vu. C'est politiquement très incorrect. L'Union européenne telle que nous la connaissons ne veut pas en entendre parler, car elle est en réalité l'ennemie intime des peuples sur lesquels elle règne. Il n'y a aucun amour de l'Europe et des Européens chez les dirigeants de l'Union européenne. Celle-ci ne constitue dans leur esprit qu'une étape vers le grand projet mondialiste qui est pour eux l'équivalent du

---

33. Heers (Jacques), *Les Barbaresques*, Paris, Éd. Perrin, 2008.

Grand Œuvre des alchimistes médiévaux, la pierre philosophale qui doit tout guérir. La logique de l'Union européenne est de se dissoudre dans la mondialisation.

L'Union européenne est l'ennemie des peuples européens parce qu'elle répudie la vraie identité européenne, fondée comme toutes les identités sur un contenu humain particulier et sur une civilisation particulière. L'Union européenne est habitée d'une crise identitaire qui la pousse à se vouloir vierge de son passé, à répudier son histoire bimillénaire et à essayer d'inventer une nouvelle identité collective européenne fondée sur un idéal universaliste[34].

L'Union européenne a l'étrange lubie de croire que la dévotion envers le culte de l'universel peut suffire comme identité, alors qu'elle exprime seulement le néant. Pour l'Union européenne, la valeur suprême est l'ouverture au monde entier, un universalisme sans frontières. C'est là ce qui doit constituer la spécificité européenne. Selon l'Union européenne, nous ne devons connaître que l'humanité : « Nous n'avons pas d'existence *propre* » et nous ne devons

---

34. Engels (David), *Le déclin de l'Union européenne...*, Paris, Éd. de L'Artilleur, 2013, p. 19.

pas vouloir « d'un être *propre* ». Toute action est interdite aux Européens dès lors qu'elle ne se réclame pas d'un « principe "éthique" universel »[35].

Ne voulant pas d'autre identité que les valeurs abstraites dont elle se réclame, l'Union européenne n'est qu'une insipide réédition miniaturisée des Nations Unies. Elle n'a aucune consistance face aux vastes ensembles humains qui vont être les très grandes puissances du XXIe siècle, en particulier la Chine et l'Inde. Ces grandes civilisations, fières de leur histoire et de leur identité, ne sont nullement disposées à faire passer les valeurs universelles avant leurs intérêts propres. L'amour de l'autre jusqu'au mépris de soi que pratique l'Union européenne ne fait pas partie de leurs traditions et sera fatalement l'objet de leur mépris.

Au nom de son délire universaliste, l'Union européenne favorise outrageusement l'immigration et développe une intense propagande destinée à endoctriner les peuples européens pour tâcher de les convaincre de la chance qui est la leur de voir s'installer chez eux de vastes populations extra-européennes,

---

35. Manent (Pierre), *La raison des nations*, Paris, Éd. Gallimard, 2004, p. 18, 59, 60, 93.

souvent musulmanes. Dans cette logique, l'identité de l'Europe deviendrait la suivante : le continent qui s'ouvre inconditionnellement aux autres.

Et pourtant, il existe une véritable identité européenne, dont l'Union européenne tente de priver les Européens, et qu'il faut les aider à mieux percevoir. L'une des grandes composantes de cette identité, celle qui explique le rôle unique des Européens dans l'histoire de l'humanité, est à chercher du côté de la religion et de ses conséquences dans le domaine de la civilisation intellectuelle et matérielle.

Dans la très longue durée, ce qui caractérise fondamentalement l'Europe, c'est son refus de l'islam pour rester un continent chrétien, le seul continent chrétien jusqu'à l'installation des Européens en Amérique. Si l'Europe était devenue musulmane, le cours de l'histoire en eût été totalement changé. Le progrès scientifique et technique créé par la civilisation européenne ne serait jamais intervenu, il n'y aurait pas eu de développement économique ni intellectuel de l'humanité. Il n'y aurait pas eu de liberté individuelle, de liberté de l'esprit. Car tout cela a résulté de la dualité chrétienne entre les pouvoirs temporel et spirituel, et c'est en Europe occidentale que cette dualité s'est le plus pleinement accomplie[36]. Si l'Europe était devenue musulmane, il n'y aurait certainement jamais eu de Révolution industrielle et d'invention du développement. Le monde serait resté sous-développé, formé presque exclusivement d'une paysannerie vivant durement et pauvrement, ne mangeant presque jamais à sa faim et souffrant de maux cruels impossibles à soigner, avec des taux de mortalité très élevés et une durée moyenne de vie ne dépassant guère les trente ans. Et, faute de développement économique et intellectuel, il n'y aurait pas eu de liberté individuelle ni de liberté de l'esprit.

La prodigieuse réussite scientifique, technique, économique et sociale de l'Europe n'aurait pas pu avoir lieu si elle n'avait pas chassé de son sol les dominations musulmanes qui s'y étaient établies par la conquête (Sicile, Italie du Sud, Espagne, France méridionale, Balkans) et repoussé les grandes offensives militaires musulmanes, en dernier lieu devant Vienne voici trois siècles. C'est parce que l'Europe a su rester chrétienne qu'elle a construit des sociétés laïques, libres, tolérantes, économiquement développées,

36. Comme il sera montré au chapitre 2.

à haut niveau de vie moyen et socialement généreuses. Ces sociétés sont le produit historique de la civilisation chrétienne européenne.

La croix, véritable emblème de l'Europe

C'est parce que l'Europe est demeurée chrétienne qu'elle a pu édifier une civilisation intellectuelle et technique apportant une connaissance du réel et une action sur lui qui ont révolutionné la condition humaine. Et non seulement la science née de la civilisation européenne a permis un développement sans équivalent de la puissance et de la richesse matérielles, mais encore elle a su jeter sur sa propre civilisation aussi bien que sur les autres civilisations un regard curieux et objectif qui a permis la construction d'un immense savoir universel. L'Europe a inventé aussi bien l'histoire moderne que l'anthropologie, l'archéologie ou la sociologie. Chose sans précédent, la science européenne a voulu connaître et comprendre les autres civilisations. C'est ainsi que, pour la civilisation née du creuset de l'Europe chrétienne, l'art musulman ou l'art hindou sont un objet d'étude et de dilection, au même titre que son propre patrimoine artistique.

Nous autres, Européens, nous sommes tous – athées, agnostiques et antichrétiens compris – le produit historique de près de deux millénaires de chrétienté. Pour ce qui est de l'histoire, de la civilisation, des valeurs, il est bien évident que l'Europe est une entité chrétienne et ne peut pas être autre chose, à peine de se renier entièrement, de perdre totalement son sens. Si l'Union européenne s'était souciée de la vérité, elle aurait placé, au centre du cercle d'étoiles de son drapeau, une croix pareille à celle du drapeau suisse : une croix qui, pas plus que celle-ci ne serait un signe religieux, mais bien l'emblème de l'histoire et de la civilisation de l'Europe.

D'ailleurs, en marge de son caractère religieux, la croix peut légitimement être revendiquée comme un emblème de la laïcité, et plus généralement de la sécularisation des sociétés européennes. Il est bien connu que le concept de laïcité est spécifique aux sociétés chrétiennes, au point qu'il n'a pas de correspondant dans la langue arabe classique[37]. C'est

---

37. Jahel (Sélim), « La laïcité dans les pays musulmans » *in Archives de philosophie du droit*

le christianisme qui a inventé la disjonction du politique et du religieux. C'est le christianisme qui est à l'origine de notre idée moderne de laïcité. Si bien que la croix symbolise parfaitement la laïcité.

L'identité de l'Europe a été façonnée par le christianisme. C'est lui qui a permis à l'Europe d'inventer le monde moderne et de servir de modèle aux autres continents. Tel est le patrimoine commun des Européens. Il doit rassembler les Européens face au péril commun que constitue le retour en Europe de l'islam.

(La laïcité), t. 48, 2005, p. 143.

Le développement de l'Europe grâce au christianisme

La chrétienté de l'Europe occidentale est repartie de très bas, dans le monde sinistré laissé par l'effondrement de l'empire romain dans sa *pars occidentalis* appauvrie, maintenant tombée sous la domination des peuples migrants barbares que l'autorité romaine avait été contrainte de laisser s'installer dans l'empire. Le christianisme du haut Moyen Âge vit sur les ruines du monde antique. À l'époque mérovingienne, la civilisation urbaine a quasiment disparu. L'une des villes les plus importantes, Reims, n'a que 6 000 habitants. Et, parallèlement, l'héritage intellectuel antique est quasi perdu.

Pourtant, c'est cette fraction de l'humanité, dont rien ne pouvait laisser attendre le succès à venir, qui va réaliser d'extraordinaires progrès scientifiques et techniques, engendrant le développement économique et l'enrichissement de l'homme moyen, avec pour conséquence un incroyable adoucissement de la condition humaine. Et cela est à mettre en rapport avec le fait que c'est le christianisme qui a inventé la disjonction du politique et du religieux, du spirituel et du temporel[38].

Si on se place dans la perspective du long terme, force est de constater que le développement économique est bien une conséquence du christianisme. Cela a été tout particulièrement observé par le grand économiste français Jean Fourastié. Il soulignait que c'était la « pensée gréco-chrétienne » qui avait permis l'essor de l'esprit scientifique expérimental et l'accomplissement du progrès technique, assurant aux pays occidentaux leur développement, leur sortie du sous-développement millénaire et de la misère qu'il engendrait, leur conquête du bien-être, choses qui sont restées longtemps l'apanage des peuples de civilisation chrétienne occidentale[39].

---

38. Harouel (Jean-Louis), *Le vrai génie du christianisme*, Paris, Éd. Jean-Cyrille Godefroy, 2012.

39. Fourastié (Jean), *Productivité et richesse des nations. Textes choisis et présentés par Jean-*

Christianisme et progrès scientifique et technique

C'est le christianisme occidental qui a inventé le développement économique, et cela a commencé dès le Moyen Âge. Sont alors intervenues toute une série d'innovations techniques majeures génératrices d'accroissements de la productivité, telle que la charrue lourde (à soc, coutre, versoir et roues), les moulins à vent, les moulins à eau permettant une production mécanique de caractère déjà industriel. À quoi il faut ajouter l'invention des lunettes de vue ou celle de l'horloge mécanique, dans laquelle Lewis Mumford voyait « la machine clé de l'ère industrielle ».[40] En Europe occidentale, le cheminement vers l'industrialisation est partout présent depuis le XIe siècle, les diverses parties du continent connaissant tour à tour des expériences préindustrielles se reliant entre elles et formant une sorte de terreau

---

Louis Harouel, Paris, Éd. Gallimard, 2005, p. 182-184.

40. Gimpel (Jean), *La Révolution industrielle du Moyen Âge*, Paris, Éd. du Seuil, 2008 [1975]. Starck (Rodney), *Le triomphe de la raison*, Paris, Presses de la Renaissance, 2007, p. 59-111.

favorable au déclenchement de la révolution industrielle. Si bien que lorsque celle-ci a lieu en Angleterre, elle va ensuite passer sans difficulté sur le continent européen et y connaître assez rapidement d'importants succès, dès lors que l'aptitude à la modernisation technique et économique concernait l'ensemble de la chrétienté occidentale. Il ne fait pas de doute que le développement économique soit une invention spécifique de l'Europe occidentale chrétienne, sans laquelle il n'y aurait pas eu de Révolution industrielle. Ainsi, rien de semblable ne s'annonçait dans l'Inde du XVIIIe siècle, qui était pourtant l'un des pays les plus riches et avancés en dehors de l'Europe[41].

L'essor scientifique et technique de l'Europe chrétienne s'est déclenché très tôt. Déjà dans l'Angleterre du XIIIe siècle, le moine franciscain Roger Bacon avait prôné et pratiqué la *scientia experimentalis*. Programme qu'il résumait par la célèbre formule : « Le raisonnement ne prouve rien, tout dépend de

---

41. Braudel (Fernand), *Civilisation matérielle, économie et capitalisme*, t. 3, *Le temps du monde*, Armand Colin, 1979, p. 450, 480. Gauchet (Marcel), *La condition historique*, Paris, Éd. Gallimard, 2005, p. 150-151.

l'expérience. » C'est le procès de la rationalité pure, la conscience que la vraie science exige que le raisonnement accepte de se soumettre à la sanction des faits, c'est-à-dire du réel. On ne saurait trop rappeler l'extraordinaire effervescence intellectuelle qui a caractérisé l'Europe occidentale à partir du XIIIe siècle, avec pour conséquence la naissance des universités, lesquelles faisaient une place importante à la science et à la technique. Œuvre de la chrétienté occidentale, l'invention des universités s'inscrivait dans le contexte de l'avènement d'une suprématie intellectuelle de l'Occident latin. Cela a beaucoup frappé le moine nestorien Rabban Sâwamâ, venu à Paris en 1287 en qualité d'envoyé des souverains mongols, tout comme divers observateurs juifs, musulmans et byzantins des XIIIe et XIVe siècles[42].

Les progrès de l'esprit scientifique et l'innovation technique ont été grandement facilités par le fait que le christianisme, en effectuant une concentration du divin en la

---

42. LE PICHON (Xavier), « Science et christianisme », *Les grandes inventions du christianisme*, dir. René Rémond, Paris, Éd. Bayard, 1000, p. 142. BRAGUE (Rémi), *Au moyen du Moyen Âge*, Paris, Éd. Flammarion, 2008, p. 70-74.

personne de Jésus, a opéré du même coup une désacralisation du monde. Il a fait disparaître la sacralité diffuse dont était chargé le monde antique[43]. Le christianisme a enlevé aux astres, aux pierres, aux arbres, au feu, au vent et aux eaux la part de divinité que les hommes avaient jusqu'alors placée en eux. Ce fut le désenchantement du monde – le fameux *Entzauberung der Welt* de Schiller puis de Max Weber –, qui a permis à la science expérimentale, aux mathématiques et à la technique de prendre possession de ce monde d'où le sacré était chassé. Et ce fut le christianisme qui le réalisa en établissant une opposition fondamentale entre ce monde et l'autre, entre les choses et le divin. Le christianisme a procuré à l'homme un monde désenchanté sur lequel on peut agir à condition d'en connaître les mécanismes et de savoir en faire jouer les ressorts. C'est-à-dire le programme du chancelier d'Angleterre Francis Bacon, l'un des créateurs de la méthode expérimentale, exposant qu'on ne peut agir sur la nature qu'en connaissant et en utilisant les lois de son fonctionnement : « On ne triomphe de la nature qu'en lui obéissant. »

---

43. Brague (Rémi), *Europe, la voie romaine*, Paris, Éd. Gallimard, 1999 [1992], p. 210.

Cela a permis à la chrétienté occidentale d'inventer progressivement la modernité scientifique, technique et économique, engendrant du même coup la civilisation la plus riche et puissante ayant jamais existé jusqu'alors dans l'histoire du monde. Dès le XVIIe et surtout le XVIIIe siècle, il y avait déjà une énorme supériorité scientifique et technique de l'Europe occidentale chrétienne sur le reste du monde.

Pour caractériser l'invention de la science moderne par l'Europe occidentale, le poète Pierre Oster a parlé de « miracle chrétien »[44]. De fait, jusqu'au moment où le Japon s'est mis à l'école de l'Occident, le progrès scientifique et technique ainsi que le développement économique furent une affaire de pays chrétiens. Certes, il y a eu à partir de la fin du XIXe siècle le « miracle japonais », suivi plus récemment par plusieurs autres « miracles » (israélien, coréen, chinois, indien, etc.). Mais tous sont des greffes du miracle chrétien.

---

44. Cité par Bertrand SAINT-SERNIN *in Le rationalisme qui vient*, Paris, Éd. Gallimard, 2007, p. 292.

Le secret du « miracle chrétien » : l'idée des deux royaumes

Pourquoi le christianisme a-t-il été historiquement la religion de la liberté intellectuelle, du progrès scientifique et technique, de la tolérance, de l'individualisme, du progrès économique et social, de la sécularisation de la société, de la laïcité ? Ce programme n'était pas celui des textes fondateurs. Il ne fut pas davantage celui des autorités religieuses chrétiennes à travers l'histoire. Il s'est même accompli très souvent contre elles : liberté de pensée, libre examen, libération de la société à l'égard du contrôle du religieux, etc. Il n'en reste pas moins que l'esprit du christianisme avait en lui ces « potentialités dynamiques exceptionnelles »[45]. Et elles se rattachent pour l'essentiel à la fameuse parole christique : « Mon royaume n'est pas de ce monde. »[46]

Aux origines du « miracle chrétien » s'inscrit avant tout cette idée que le royaume de Dieu est céleste et non terrestre, si bien que Dieu et l'État sont séparés. Le royaume du Christ n'est pas de ce monde, il faut rendre

---

45. Gauchet (Marcel), *Le désenchantement du monde*, p. II.

46. Jean, 18, 36.

à César ce qui lui est dû, et remettre à Dieu ce qui lui revient[47]. En conséquence de quoi le christianisme a presque toujours créé une dualité de structures, pouvant être étroitement associées mais restant bien distinctes, la communauté des fidèles n'ayant en principe pas de rôle proprement politique[48].

La distinction des deux royaumes, celui d'ici-bas et celui de l'au-delà, constitue la profonde originalité du christianisme et le secret de sa fortune en tant que civilisation. Du fait que le christianisme est céleste, sa cité idéale – le royaume de Dieu – est céleste. Paul considère que la demeure des chrétiens est dans le ciel, qu'ils sont citoyens du ciel[49]. La cité céleste, la cité de Dieu, telle est la vraie demeure des chrétiens. Pour eux, l'État (*politeuma*) véritable est au ciel. Alors qu'inversement, pour l'islam comme le judaïsme, la cité idéale doit être recherchée sur la terre. C'est que, dans un cas comme dans l'autre, la communauté est indissociablement religieuse et

---

47. Matthieu, 22, 21. Marc, 12, 17. Luc, 20, 25.
48. RODINSON (Maxime), « L'intégrisme musulman et l'intégrisme de toujours » *in Rationalisme et religions, Raison présente*, n° 72, Paris, 1984, p. 96.
49. Philippiens, 3, 20.

politique[50]. Comme l'avait fait le judaïsme, l'islam rêvera à son tour d'un royaume terrestre parfait. L'islam étant indissolublement croyance religieuse et projet politique, sa cité idéale est simplement le rêve nostalgique de la Médine de Mahomet.

Au contraire, le christianisme n'envisage pas de cité idéale, lieu d'une rédemption collective terrestre instauratrice d'un monde parfait. Le christianisme propose exclusivement un salut individuel céleste. Dans cette logique, l'État a la responsabilité de l'organisation concrète de l'existence quotidienne mais n'a pas de droit sur les âmes, et symétriquement la cité des hommes n'est pas soumise au contrôle terrestre du divin mais ne peut faire l'objet d'aucune sacralisation.

On mesure la prodigieuse importance pour l'histoire de l'humanité de la parole du Christ proclamant que son royaume n'est pas de ce monde. Il y avait alors dans la société juive une immense attente messianique d'un royaume terrestre glorieux. Le messie tant espéré serait un roi de guerre victorieux qui chasserait l'occupant romain et assurerait au peuple juif un triomphe collectif éclatant.

---

50. Brague (Rémi), *La loi de Dieu*, Paris, Éd. Gallimard, 2005, p. 86, 16.

Or Jésus n'a pas voulu du titre royal. C'est pour ne pas être proclamé roi par la foule qui le suivait, émerveillée de ses miracles, qu'il s'enfuit dans la montagne[51]. Il n'aura d'autre couronne terrestre que sa cruelle et dérisoire couronne d'épines. Changeant radicalement l'orientation du messianisme juif, Jésus l'a déplacé de la terre vers le ciel. La royauté du Christ n'est pas de même nature que les royautés terrestres[52]. Le royaume de Dieu ne doit plus être espéré ici-bas, puisqu'il est dans les cieux. Et il ne s'agit plus d'atteindre au bien-être collectif rêvé par le messianisme juif, mais de bénéficier d'un salut strictement individuel consistant dans une admission personnelle dans le royaume céleste. Cette individualisation du salut heurtait de plein fouet le holisme des sociétés anciennes, c'est-à-dire cette obsession de la totalité sociale qui conduisait à négliger l'individu ou à lui imposer une subordination radicale[53].

S'adressant à chacun de ses auditeurs, Jésus l'exhorte à concentrer tous ses efforts

51. Jean, 6, 14-15.

52. Rémond (René), « La laïcité » *in Les grandes inventions du christianisme,* p. 106.

53. Dumont (Louis), *Essai sur l'individualisme*, Paris, Éd. du Seuil, 1993 [1983], p. 303.

vers le fait de mériter personnellement l'entrée au royaume des cieux, et en conséquence à considérer comme secondaire ce qui est lié aux institutions terrestres, sans pour autant en bafouer les règles. D'où sa réponse quant au paiement de l'impôt exigé des juifs par l'État romain. Bien sûr qu'il faut payer cet impôt ! Car cela ne retire rien à Dieu, dès lors que son royaume n'est pas de ce monde. Autant l'esprit messianique juif, visant à l'instauration du royaume de Dieu sur terre, est révolté par l'impôt exigé par l'occupant romain dont on espère l'imminente expulsion par le messie tant attendu, autant tout cela laisse Jésus indifférent. Il n'y a pas concurrence entre le royaume terrestre, dont César est pour l'heure le prince, et le royaume des cieux. Payer l'argent qui est dû au roi de la terre n'enlève rien au roi du ciel. Dieu attend de ses créatures une totale adhésion du cœur et un comportement fraternel : « Aimez-vous les uns, les autres. » En revanche, il ne se soucie normalement pas des institutions humaines, auxquelles les hommes doivent en règle générale obéir. La supériorité de l'ordre céleste s'accompagne de la relative autonomie de l'ordre terrestre, marquée par la disjonction du politique et du religieux.

La disjonction christique du politique et du religieux

Avec le christianisme, l'ordre terrestre ne peut se trouver figé par aucune sacralisation, dès lors qu'il est radicalement étranger au royaume de Dieu. Dans la logique chrétienne, il est possible et souhaitable que le droit soit influencé par les normes morales formulées par le Christ. En revanche, il n'existe pas de règle juridique d'origine divine directe, car Jésus s'est refusé à entrer dans cette voie. Non seulement il a fait en sorte de ne pas être proclamé roi, mais encore il s'est abstenu d'édicter des règles juridiques et s'est refusé à se comporter en juge en tranchant des conflits comme il était sollicité de le faire. Jésus a opposé un veto radical à la tentation de créer du droit, à l'idée d'enfermer les chrétiens dans une quelconque *charia*[54].

La scission évangélique entre le politique et le religieux a permis la sécularisation du politique, la distinction du pouvoir spirituel et du pouvoir temporel, l'avènement de l'État moderne tel que l'a forgé l'Europe occidentale. Même si Jésus précise que le pouvoir de

---

54. BRAGUE (Rémi), *Europe, la voie romaine*, p. 201-202.

l'empereur lui a été « donné d'en haut »[55], il n'en a pas moins marqué que César et Dieu sont séparés et qu'ils ont chacun leurs droits respectifs. C'est de là que découle l'idée profondément novatrice de la coexistence de deux pouvoirs distincts ayant chacun sa légitimité, l'un en charge de ce qui relève du salut des âmes, l'autre s'occupant des affaires politiques et administratives. La logique du christianisme est que la gestion des choses terrestres et des affaires politiques, sans échapper totalement au jugement de Dieu, soit une compétence relativement autonome de l'État[56].

Le christianisme a apporté les bases d'une doctrine « laïque » dont saint Thomas donnera au XIIIe siècle un exposé lumineux. S'inscrivant en faux contre les errements de la théocratie pontificale comme du césaropapisme, il développe une conception profane du pouvoir et fonde la légitimité d'un ordre temporel autonome[57]. Concédant que, pour « ce qui relève du salut de l'âme [...], il faut

55. Jean, 19, 11.

56. Rémond (René), « La laïcité », *op. cit.*, p. 105.

57. Villey (Michel), *La formation de la pensée juridique moderne*, Paris, PUF, 2003, p. 164, 171, 172, 176, 194.

davantage obéir au pouvoir spirituel », il tire du « Rendez à César… » la conclusion que « dans les affaires qui relèvent du bien civil, il faut davantage obéir au pouvoir séculier ». Car, tout comme l'Église, communauté de tous les fidèles, est une société parfaite dans le registre spirituel, l'État est lui aussi une société parfaite – une *communitas perfecta* – dans son domaine : celui des affaires temporelles[58]. En consacrant le principe de l'autonomie du politique dans sa sphère, saint Thomas a confirmé que la logique du christianisme conduisait à une théorie profane de la souveraineté étatique et du droit.

Cette distinction entre deux sociétés inscrites chacune dans un ordre différent de réalité fut historiquement la grande spécificité du christianisme. Ce fil conducteur ne fut jamais complètement oublié, même quand l'Église prétendait dominer l'État, ou au contraire acceptait de se faire l'instrument du pouvoir politique. De sorte que le mouvement moderne de sécularisation des sociétés occidentales issues de deux millénaires de chrétienté, dont la version française est la laïcité, n'a fait qu'astreindre la religion chrétienne à

---

58. *Somme théologique*, IIª IIæ.

l'observation d'une règle conforme à son génie propre[59].

Autonomisation de l'ordre terrestre et décollage de l'Occident

En favorisant l'éloignement de Dieu par rapport au monde, l'idée que le royaume de Dieu n'est pas à espérer sur la terre a fait naître la conception d'un monde des hommes dont ils ont la responsabilité. Le monde terrestre n'a pas à être le décalque d'un monde céleste à la perfection inimitable, dès lors qu'il n'existe pas entre eux de *continuum*. Là est vraiment la source de la distinction du politique et du religieux, de la sécularisation de l'intelligence et de la vie au sein de la société, de la libération de la pensée et de la vie sociale par rapport au religieux.

Apportée par le christianisme, l'autonomisation du monde terrestre a été historiquement créatrice de liberté pour l'individu. Sur le long terme, son rôle bénéfique majeur a été de protéger la vie intérieure de l'individu – spirituelle, et par voie de conséquence

---

59. Brague (Rémi), *Europe, la voie romaine*, p. 202.

intellectuelle – contre le contrôle et la coercition externe : holisme du groupe, autorité du prince, autorité du dogme, du pouvoir religieux. Dans la mesure où le religieux s'est fait pouvoir terrestre coercitif, l'autorité séculière a pu être protectrice de l'individu, s'interposant entre lui et le pouvoir religieux, donnant un cadre d'exercice à la liberté de l'esprit. Et, dans la mesure où pouvoir politique et pouvoir religieux se sont unis dans une même volonté répressive, le principe chrétien de liberté intérieure à l'égard des pouvoirs extérieurs a protégé la vie de l'esprit.

Corollaire de l'idée des deux royaumes, le principe de la disjonction du politique et du religieux a joué un rôle décisif dans l'essor matériel et intellectuel de l'Europe, dans le succès historique de la civilisation occidentale. C'est de la désintrication du spirituel et du temporel qu'a résulté l'invention par l'Europe occidentale – et non par d'autres grandes civilisations – du progrès technique et du développement économique dont bénéficie aujourd'hui une grande partie de l'humanité. Pour l'historien Élie Barnavi, « s'il fallait trouver une seule explication au décollage de l'Occident, c'est là qu'il faudrait la chercher ». Car, « dans le fossé creusé entre les deux pouvoirs, le vent de la liberté a pu souffler ». C'est dans cette tension entre le spirituel et le temporel inhérente au monde occidental, que se sont glissés « l'esprit de la liberté, de la curiosité scientifique, l'esprit de conquête, tout ce qui a cruellement manqué aux autres civilisations »[60].

Sans le christianisme occidental, le monde serait resté sous-développé, le progrès scientifique et technique ne serait jamais intervenu. Il n'y aurait pas eu de développement économique. On aurait culminé à un niveau technique ne dépassant guère celui de l'Antiquité gréco-romaine, ou de la Chine et de l'Inde anciennes. Le monde serait demeuré une immense paysannerie, travaillant sans relâche pour tâcher de se maintenir au seuil de survie.

En inventant progressivement la modernité scientifique, technique et économique, la chrétienté occidentale a permis l'éclosion de l'individu moderne, ce qui restait impossible dans le monde de l'humanité non développée, courbée sur la glèbe de l'étoile du matin à l'étoile du soir, et dont la brève existence était accablée de souffrance et de maladies. Même

60. Barnavi (Élie), *L'Histoire*, fév. 2002, p. 78.

si l'individu était en germe dès le départ dans le christianisme, le phénomène n'a concerné pendant longtemps que l'étroite minorité de ceux qui étaient dégagés des contingences matérielles. C'est le développement économique qui a fait exister concrètement l'individu[61]. Or ce développement est un produit historique du christianisme occidental. En l'absence de celui-ci, l'humanité serait demeurée largement soumise au holisme traditionnel et elle serait restée composée presque exclusivement de paysans vivant durement et pauvrement.

C'est ce qui se serait produit si l'Europe était tombée sous la coupe de l'islam au lieu de lui résister victorieusement. Elle aurait partagé sa stase millénaire.

---

61. Fourastié (Jean), *op. cit.*, p. 157.

La stase millénaire du monde musulman

Grâce à d'immenses conquêtes éclair qui vont lui assurer pendant plusieurs siècles une écrasante suprématie, le monde islamique a effectué un départ fulgurant. Durant toute une partie du Moyen Âge, l'islam a été la première puissance mondiale sous la forme de l'empire arabe, après quoi le relais sera pris par l'empire ottoman. Pourtant, le monde musulman va finir par se trouver distancé par l'Europe occidentale en plein essor, dès lors qu'il était resté presque immobile tandis qu'elle se modernisait à grande allure. D'où un si grand déclassement de l'islam et de sa civilisation que l'empire ottoman, qui avait pourtant fait trembler l'Europe pendant plusieurs siècles, n'aurait pas pu réussir à se maintenir à travers le XIXe siècle sans l'aide des grandes puissances européennes.

L'immense puissance passée de l'islam

Le fait que ce soit la civilisation chrétienne occidentale et non la civilisation musulmane qui ait inventé le progrès technique et le développement économique est d'autant plus étonnant que la première souffrait au départ, comme on l'a vu, d'un très lourd handicap par rapport à la seconde, laquelle partait avec une colossale avance. En effet, le monde musulman a directement bénéficié d'un prodigieux capital intellectuel, auquel la chrétienté occidentale n'a eu accès que bien plus difficilement et beaucoup plus tard. Car l'islam s'est emparé de la partie restée riche et hautement civilisée du monde antique, tandis que sa partie occidentale européenne avait été appauvrie et désorganisée par les crises politiques et économiques ainsi que par deux siècles de migration, d'installation et de conquête par les barbares. Pour une bonne part confiné dans la partie barbarisée et déculturée du monde romain, le christianisme s'est trouvé dans une situation peu enviable au regard de celle de l'islam, lequel avait raflé en quelques années toute une série de provinces romaines en bon état de marche, avec leurs élites du savoir et leur vie intellectuelle intactes. L'islam s'est emparé de la partie du monde gréco-romain qui était restée à un haut niveau de civilisation, avec une vie urbaine demeurée active et florissante. Le pouvoir impérial arabe s'est substitué au pouvoir de l'empereur romain d'Orient dans des territoires restés riches et intellectuellement actifs.

L'empire islamique va profiter de tout cela, l'entretenir, vivre sur ce fabuleux capital intellectuel et scientifique, le compléter et l'enrichir grâce à l'ampleur de ses conquêtes. Grâce à elles, le monde musulman a pu cumuler les connaissances, les techniques et la culture du Moyen-Orient ancien, de la Grèce et de la Perse, et en bénéficier. Au point que ce sont des grammairiens persans qui ont, aux VIIIe et IXe siècles, consigné et fixé l'arabe classique, la langue de culture et de gouvernement de l'islam[62]. Et des conquêtes encore plus lointaines vont mettre à la disposition du monde musulman des inventions majeures telles que la numération décimale et les fameux chiffres que l'on appelle arabes, en réalité empruntés à l'Inde, ou encore l'art de fabriquer le papier, originaire de Chine.

62. Martinez-Grot (Gabriel), *L'Empire islamique (VIIe-XIe siècle)*, Paris, Éd. Passé composé, 2019.

Tant célébré par les intellectuels musulmans, le fameux âge d'or de l'islam a surtout résulté de la conjonction d'éléments pris à d'autres civilisations, et se trouvait de surcroît en parfaite contradiction avec la fruste civilisation originaire de l'islam telle qu'elle avait été construite à Médine[63]. Ce n'est que sur ces bases ambiguës que, durant une grande partie du Moyen Âge, l'islam a été non seulement la plus grande puissance militaire et la première puissance économique du monde, mais encore se trouvait en matière de sciences et de techniques à un niveau alors jamais atteint dans l'histoire de l'humanité[64].

Aussi bien l'islam ne va-t-il guère aller au-delà. Le savoir antique tant européen qu'asiatique fut pour lui un point de départ et un point d'arrivée, dans une version médiévale qui l'enrichit quelque peu. Ainsi, des progrès notables furent obtenus dans des domaines n'exigeant aucune base théorique, tels que certains aspects de l'astronomie et de la médecine. Si bien que la médecine

---

63. Delcambre (Anne-Marie), *L'islam des interdits*, Paris, Éd. DDB, 2009, p. 72.

64. Lewis (Bernard), *Que s'est-il passé ? L'islam, l'Occident et la modernité* [2001] *in Islam*, Paris, Éd. Gallimard, 2005, p. 1171.

arabe est restée longtemps en avance sur la médecine européenne. Mais, graduellement, cette aptitude à un certain progrès prit fin. Le savoir grec – et tout particulièrement l'œuvre d'Aristote – fut perçu par les intellectuels musulmans comme un savoir sacré qui appelait la croyance et non la réflexion critique. Au XIIe siècle, l'illustre philosophe arabe Averroès – lequel rejetait parallèlement le contrôle de la religion sur l'activité intellectuelle, affirmant la légitimité d'opinions rationnelles contredisant certains dogmes – professa un aristotélisme intransigeant, proclamant l'infaillibilité de la physique d'Aristote et affirmant que si une observation venait la contredire, cette observation était à coup sûr une erreur. Au lieu de quoi les penseurs chrétiens médiévaux construisirent un cadre de pensée indépendant qui leur permit, lorsque parvinrent à eux les textes antiques repris et transmis par la civilisation islamique, de les utiliser de manière critique. Et presque tout ce que les Grecs avaient dit sur la manière dont fonctionnait le monde sera démenti par les recherches des grands savants chrétiens des XVIe et XVIIe siècles[65].

65. STARCK (Rodney), *op. cit.*, p. 44-45.

Par ses conquêtes militaires, le monde musulman s'était approprié le savoir grec. Mais celui-ci ne pouvait, par lui-même, conduire au progrès technique. Et, en l'absence d'une vraie distinction du profane et du sacré, ainsi qu'en raison de l'interdiction faite à l'activité intellectuelle de s'affranchir de la religion, la civilisation islamique n'a pas su faire du savoir grec le point de départ d'une dynamique.

Le monde musulman fut un conservatoire efficace et même fécond, mais guère plus que cela. On ne tarda pas à tourner en rond. Jusqu'au XVIIIe siècle, les médecins musulmans vont continuer de soigner les malades selon les règles établies par Galien, célèbre médecin grec du IIe siècle, auxquelles s'ajoutaient celles fixées par l'illustre médecin et philosophe arabe Avicenne, mort en 1037. Or, entre-temps, de très grands progrès médicaux avaient été accomplis en Europe. Si bien que les médecins musulmans de l'époque moderne, n'ayant à leur disposition que des connaissances et des méthodes surannées, se trouvaient complètement dépassés par leurs collègues européens[66].

---

66. Lewis (Bernard), « Juifs en terre d'islam » [1986], *op. cit.*, p. 570.

Ce conservatoire que fut le monde islamique a transmis un important patrimoine intellectuel au monde chrétien occidental. Mais celui-ci va en faire un point de départ pour une prodigieuse aventure de l'esprit, un fantastique développement matériel, un tremplin vers la modernité technique et économique. Dès le Moyen Âge, on le sait, les Européens commencèrent à réaliser de sérieux progrès concernant la civilisation intellectuelle et artistique autant que matérielle. Puis à partir de la Renaissance, ils accomplirent de grands bonds en avant, laissant le monde musulman loin derrière eux dans tous les domaines.

Le grand déclassement du monde musulman

Le spectaculaire décollage de l'Occident eut pour conséquence le déclassement de la civilisation musulmane – tout comme d'ailleurs celui des autres grandes civilisations telles que la Chine et l'Inde. L'expédition de Bonaparte en Égypte a été un violent révélateur de la prééminence acquise par l'Europe occidentale. Avant d'être vaincue par les Français à la bataille des Pyramides, le 21 juillet 1798, l'armée des Mamelouks avait gardé la réputation d'être la meilleure cavalerie du monde. Cela a été un choc traumatique pour le monde musulman que de constater brutalement l'énorme supériorité scientifique, technique et militaire de ces Européens chrétiens qu'il avait depuis un millénaire l'habitude de mépriser.

Pour autant, contrairement à l'idée communément admise, il ne semble pas y avoir eu de crise du monde islamique. Il s'est seulement trouvé dépassé par une civilisation chrétienne occidentale qui a connu un progrès fulgurant. Au sein du monde musulman, on a mis beaucoup de temps à en prendre conscience et à l'admettre. Dans les milieux officiels de l'empire ottoman, le premier à l'avoir perçu semble avoir été l'ambassadeur Azmi Efendi, lors d'un voyage en Prusse en 1790. En effet, il écrit que l'infériorité du monde musulman par rapport aux grandes puissances européennes n'est « pas due à une décadence morale et religieuse comme le prétendent les mémorialistes ottomans, mais à la force acquise par les Européens. »[67] C'était

67. Lewis (Bernard), « Comment l'islam regardait l'Occident » [1983], *op. cit.*, p. 636.

la force acquise par les Européens qui plaçait le monde islamique en situation de faiblesse.

Alors qu'une civilisation progresse spectaculairement comme l'a fait la civilisation chrétienne occidentale, quand les autres civilisations restent immobiles, c'est comme si elles reculaient. Il en est notamment résulté à partir de la fin du XVIIe siècle une infériorité militaire croissante du monde islamique par rapport à l'Occident. Elle n'était pas la conséquence d'un déclin musulman mais de l'avance prise par l'Europe. Certes, la façade militaire de l'empire ottoman restait toujours aussi impressionnante et ses armées aussi valeureuses, mais elles étaient presque entièrement dépendantes de l'Occident pour leur équipement en matériel moderne d'invention européenne tel que canons et fusils. Ils étaient soit achetés à des marchands chrétiens, soit fabriqués sur place sous la direction d'experts occidentaux. Bref, à partir de la Renaissance, « l'islam se mit à l'école de la chrétienté dans les arts de la guerre, surtout dans les branches techniques telles le génie, la navigation et l'artillerie »[68].

---

68. Lewis (Bernard), « Le retour de l'islam » [1985], *op. cit.*, p. 891, 895 ; « Que s'est-il passé ? », p. 1176, 1185.

Le monde musulman n'a rien inventé en matière d'armes à feu ni de tactique, mais il s'est procuré à prix d'or des transferts de technologie effectués par des transfuges européens. Même la prise de Constantinople par l'islam, en 1453, avait été facilitée par la technique occidentale. Le monstrueux canon projetant des boulets de 400 kg qui permirent d'anéantir tout un segment de l'inexpugnable muraille terrestre de la seconde Rome avait été fabriqué par un Allemand nommé Urban. Et une des grosses couleuvrines prises en Algérie et apportées devant les Invalides portait gravé sur sa culasse : *François Durand, fondeur du roi de France à Alger*[69]. Mais ces transferts de technologie n'ont pas suffi à assurer de manière définitive au monde musulman un niveau militaire égal à celui de la chrétienté occidentale, où l'innovation technique était incessante. D'où une infériorité chronique de l'armement ottoman, qui s'esquisse dès le XVIe siècle et devient manifeste à partir de la fin du XVIIe siècle[70].

---

69. Hugo (Victor), *Choses vues*, 11 mars 1841.

70. Yerasimos (Stéphane), « Pourquoi les Turcs ont pris Constantinople » *in Les collections de l'Histoire*, n° 45, oct.-déc. 2009, p. 17, 19 ; Veinstein (Gilles), « L'artillerie fait merveille », *ibid.*, p. 18.

Il en fut de même pour la fabrication des montres et horloges – technique importée elle aussi d'Europe occidentale –, qui ne bénéficia ensuite dans le monde islamique d'aucun perfectionnement, d'où une production bientôt très obsolète au regard des progrès réalisés en Occident. Si bien que les horlogers de Constantinople continuaient à fabriquer à la fin du XVIIIe siècle des horloges et des montres pareilles à celles qu'on produisait en Europe au début des années 1600[71].

Premier scientifique musulman à recevoir un prix Nobel, en 1979, mais appartenant à un courant minoritaire de l'islam – l'ahmadisme – considéré comme hérétique et déclaré non musulman par le parlement du Pakistan, le physicien pakistanais Abdus Salam, formé à Cambridge, a déclaré avec beaucoup d'honnêteté : « De toutes les grandes civilisations de la planète, la communauté islamique est celle qui a fait à la science la part la plus restreinte. » Pourtant, le Coran valorise la science, les savants et la réflexion, mais il le fait dans une perspective exclusivement religieuse. D'ailleurs, pour les juristes traditionnels de l'islam, le véritable objet de la science est de

71. Lewis (Bernard), « Le retour de l'islam », *op. cit.*, p. 891, 895 ; « Que s'est-il passé ? », p. 1176, 1185.

nature religieuse : c'est l'étude approfondie des règles de vie élaborées à Médine sous la houlette du Prophète, c'est la détermination précise de ce qui est conforme ou non à la loi islamique[72].

Il n'y a pas eu de crise du monde musulman, mais une stagnation, une immobilité, conforme à son génie. Cela est à mettre en rapport, a souligné Jacques Ellul, avec le fait que la doctrine tout entière de l'islam a pris un caractère juridique. Or, « le juridique a une orientation très nette : fixer »[73]. L'immobilité du monde musulman évoque la stabilité plurimillénaire de la civilisation égyptienne, qui fascinait tant Platon. L'islam a manifesté une exceptionnelle aptitude à se mobiliser pour conquérir, et ensuite pour conserver ses conquêtes. L'islam est une civilisation conquérante, guerrière, normative. Par la conquête, l'islam a raflé un prodigieux patrimoine matériel et intellectuel. Il en a joui – ce fut la fameuse civilisation islamique classique –, mais il ne l'a guère développé. Il n'y a pas eu de déclin islamique, mais un déclassement islamique. Et ce déclassement

72. Delcambre (Anne-Marie), *op. cit.*, p. 73.

73. Ellul (Jacques), *Islam et judéo-christianisme*, Paris, PUF, 2004, p. 101.

est devenu si grand que, si l'empire ottoman a pu survivre jusqu'à la Première Guerre mondiale, c'est grâce aux grandes puissances d'Europe occidentale qui ont empêché la Russie de le faire disparaître.

La survie de l'empire islamique ottoman grâce à l'Europe occidentale

Mettant fin à l'empire romain d'Orient, à cet empire byzantin qui depuis mille ans s'efforçait de garder vivante la tradition de Rome, la prise de Constantinople par l'islam, suivie de la transformation en mosquée de Sainte-Sophie, la prodigieuse basilique de Justinien, avait suscité une grande peur en Europe. Plusieurs fois fut décrétée une croisade armée pour reprendre Constantinople, mais elle ne se fit jamais[74].

L'émotion fut plus forte encore en Russie, laquelle se trouvait de surcroît beaucoup plus directement concernée. Sur le point de secouer la domination imposée depuis deux siècles aux Russes par les Mongols musulmans de la Horde d'or, le prince de Moscou

---

74. Cardini (Franco), *Europe et Islam*, Paris, Éd. du Seuil, 2000, p. 211-212.

Ivan III le Grand se posa en héritier du dernier empereur byzantin Constantin XI, dont il avait épousé la nièce. Reprenant le titre impérial romain de César en même temps que l'emblème de l'aigle à deux têtes et le cérémonial de cour des empereurs byzantins, Ivan se proclama tsar. Moscou était désormais la troisième Rome. De ce moment, le but suprême de la politique russe fut de reprendre Constantinople et de détruire l'empire musulman dont elle était devenue la capitale.

Longtemps, le projet d'une reprise de Constantinople par les Russes avait paru irréalisable tant était grande la puissance de l'empire ottoman. Mais la Russie, dont les souverains ont eu depuis Pierre le Grand la ferme volonté de se mettre à l'école de l'Occident, va au XVIIIe siècle bénéficier par ricochet d'une bonne partie des progrès fulgurants accomplis par la civilisation chrétienne occidentale. Les Russes ont ainsi grandement amélioré leur position par rapport à l'empire ottoman, que son déclassement tendait à transformer en une puissance secondaire. Si bien qu'à partir du tournant des XVIIIe et XIXe siècles, l'idée que les Russes puissent reprendre Constantinople et mettre fin à l'empire ottoman semblait de jour en jour plus réalisable. Et, pendant tout le XIXe siècle, l'effort constant de la Russie a été de reprendre Constantinople à l'islam, de faire revivre la seconde Rome.

Pourtant, en dépit de leurs écrasantes victoires sur les armées ottomanes, qui leur ouvraient grand la route de Constantinople, les Russes ont été à chaque fois bloqués par le refus constant des grandes puissances d'Europe occidentale, s'exprimant au moyen de pressions diplomatiques, voire d'une intervention armée. C'est ainsi qu'en 1854, pour empêcher le tsar Nicolas Ier de gagner une guerre qui aurait pu aboutir à la prise de Constantinople par les Russes et à la disparition de l'empire ottoman, la France s'est lancée, à la remorque de l'Angleterre, dans une guerre contre les Russes, la guerre de Crimée, où ont péri près de 100 000 soldats français. Tout en laissant se faire – et même parfois en aidant – la libération des peuples chrétiens des Balkans au détriment de l'empire ottoman, les grandes nations d'Europe occidentale n'en ont pas moins eu la volonté de maintenir à tout prix l'existence de cet empire islamique déclassé auquel on enlevait régulièrement quelque province ou arrachait quelque avantage. Si Constantinople s'appelle aujourd'hui Istamboul, c'est bien parce que les Européens ont eu la volonté de conserver à l'islam la possession de cette ville que la Russie eût sinon aisément reprise.

Les efforts que fit au XIXe siècle l'empire ottoman pour chercher à se moderniser avaient la faveur des gouvernements occidentaux. Mais l'optimisme de ceux-ci suscitait l'ironie de l'ancien ministre des Affaires étrangères Chateaubriand, écrivant au début des années 1840 : « Prétendre civiliser la Turquie en lui donnant des bateaux à vapeur et des chemins de fer, en disciplinant ses armées, en lui apprenant à manœuvrer ses flottes, ce n'est pas étendre la civilisation en Orient, c'est introduire la barbarie en Occident. »[75] Cependant, en contrepartie de leurs efforts diplomatiques pour garantir la survie de l'empire ottoman, les puissances européennes avaient exigé de lui des réformes importantes inspirées par les valeurs libérales et égalitaires de l'Occident. Ce fut la période des Tanzimat, commencée en 1839. Mais leur effet demeura pour une grande part superficiel. Certes, s'introduisit un style de vie à l'occidentale, touchant surtout une étroite

75. *Mémoires d'outre-tombe*, Livre 30, chapitre 12.

frange urbaine, avec des chemins de fer, des banques, des journaux, le télégraphe, des costumes masculins à l'européenne (sauf la touche d'islamité du couvre-chef : le fez ou tarbouche), ainsi qu'une certaine occidentalisation du droit. Mais, derrière cette façade de modernisation, la population de l'empire ottoman continuait pour l'essentiel à vivre comme elle le faisait au Moyen Âge. D'ailleurs, rien ou presque n'était changé dans les techniques de production, dans les conditions de vie, dans les conditions médicales, dans l'hygiène. La productivité du travail humain restait faible, et les taux de mortalité extrêmement élevés. D'où la très basse démographie de l'empire ottoman. Le voyageur qui y arrivait en venant d'Europe occidentale avait l'impression d'entrer dans un monde vide d'hommes. Vers la fin du XIXe siècle, ce vaste empire islamique s'étendant de l'Arabie et de l'actuel Irak jusqu'à la Macédoine ne comptait que quelque 25 millions d'habitants, alors que le continent européen en comptait environ 400 millions. Par comparaison, le monde musulman hibernait dans son passé.

Par lui-même, l'univers politico-religieux islamique ne pouvait déboucher sur la libération de la pensée humaine, ni sur le progrès technique et économique : il ne connaissait pas de distinction du spirituel et du temporel, il était par nature étranger à toute logique de sécularisation. Toutes choses qui ont grandement contribué au long statisme de l'islam.

Les causes de la tendance de l'islam à l'immobilisme

Fondamentalement, cette tendance vient du fait que le monde musulman a d'emblée eu le sentiment d'avoir atteint à une perfection définitive, indépassable. Outre la certitude de la vérité religieuse, l'islam a imprimé à ses fidèles la conviction d'avoir les meilleures règles de vie et de droit, puisque édictées par Dieu. Et ce sentiment d'autosatisfaction et de supériorité s'est trouvé renforcé par la rapidité des immenses conquêtes qui ont assuré la puissance et la richesse du monde musulman. Dans la vision qu'il a de lui-même, l'islam accomplit le rêve de la cité idéale. Pour l'islam, la cité idéale s'est déjà réalisée sur la terre : c'est la cité musulmane telle que l'a fondée le Prophète. Et dans la mesure où on s'est écarté de sa perfection première, il suffit d'y revenir pour retrouver ce qu'on peut avoir de mieux au monde.

Tout cela est significatif des grandes différences d'ordre mental et social qui séparent l'esprit de l'islam de celui du christianisme. Tout d'abord, l'islam refuse la désacralisation chrétienne du monde ainsi que de tout ordre terrestre. Sur ces points, à la différence du christianisme, l'islam n'a fait que s'inscrire dans la continuité des civilisations anciennes. L'autre grande différence est l'enfermement de l'islam dans une intrication du spirituel et du temporel. Alors que le christianisme a engendré la disjonction du spirituel et du temporel fondatrice de la modernité, la civilisation musulmane est à l'inverse caractérisée par le fait que la communauté des fidèles y est une structure politico-religieuse[76].

Les musulmans doivent vivre sous la loi divine, qui régit toute l'existence publique et privée. Dieu seul est législateur, les hommes ne peuvent aller contre ce qu'il a prescrit. Tout est dû à Dieu, et c'est seulement en son nom que les gouvernants peuvent exiger quoi que ce soit des gouvernés. Faute d'une distinction du sacré et du profane, l'État n'a pas de légitimité propre. Il n'existe que pour servir la religion. L'idée de sécularisation est

76. Rodinson (Maxime), « L'intégrisme musulman et l'intégrisme de toujours », p. 96.

antinomique à l'islam. Les sociétés musulmanes sont holistes, et ne laissent guère de place à la liberté de l'individu. Rien d'étonnant si ce n'est pas l'islam, pourtant première puissance mondiale pendant des siècles, qui a inventé la modernité technique et économique.

L'intrication musulmane du politique et du religieux

Pour l'islam, ainsi que le rappelle Rémi Brague, « la séparation du politique et du religieux n'a pas le droit d'exister ». Une telle séparation est scandaleuse, « car elle passe pour un abandon de l'humain au pouvoir du mal, ou une relégation de Dieu hors de ce qui lui appartient ». Par nature, l'islam est à la fois religion et régime politique (*dîn wa-dawla*)[77]. Et encore le mot *dîn* ne signifie-t-il pas exactement la religion mais la loi, ce qui n'est pas du tout la même chose. L'islam, comme le judaïsme d'ailleurs, n'a pas de mot pour traduire le terme occidental de religion. Car, dans les deux cas, il s'agit d'« une "religion"

77. Brague (Rémi), *La loi de Dieu*, p. 54 ; *Europe, la voie romaine*, p. 199.

qui invente l'État pour en faire sa chose, et qui se confond avec lui »[78].

Écrivant que la distinction entre le spirituel et le temporel a été « le bonheur de l'Occident », Élie Barnavi ajoute que « le malheur de l'islam fut leur irrémédiable confusion ». En cela, l'islam est pareil au judaïsme, puisque ni l'un ni l'autre « ne conçoivent la religion comme un domaine distinct des autres formes d'activité sociale, car tous deux constituent des systèmes totaux ». Dans l'islam, pas de dualité des royaumes, pas de choix à opérer entre la cité terrestre et la cité céleste, pas de distinction à faire entre ce qui est à César et ce qui est à Dieu. Mahomet ayant été à la fois fondateur de religion et chef politique et militaire, le logiciel de l'islam mêle indissolublement le politique et le religieux. La communauté de croyants que dirigeait le Prophète fut en même temps le premier État musulman. Et, dans la mesure où il a existé tout de même dans le monde musulman un pouvoir politique distinct du religieux, « la séparation des appareils relève de l'illusion d'optique ». Seul le pouvoir religieux étant pleinement légitime, le pouvoir

---

78. Barnavi (Élie), *Les religions meurtrières*, Paris, Éd. Flammarion, 2006, p. 21-22.

politique n'a pas en lui-même de légitimité. Inhérente à l'islam, la confusion du profane et du sacré a empêché la reconnaissance d'une autonomie du pouvoir politique[79].

La séparation du politique et du religieux est étrangère à la logique du système total que constitue l'islam. Bernard Lewis observe à ce propos : « L'idée qu'il puisse exister des êtres, des activités ou des aspects de l'existence humaine qui échappent à l'emprise de la religion et de la loi divine est étrangère à la pensée musulmane [...] Il n'y a qu'une seule loi, la *charia*, révélée par Dieu et régissant tous les domaines du droit : civil, commercial, pénal, constitutionnel, ainsi que les affaires plus spécifiquement religieuses au sens chrétien, étroit, du terme [...] La laïcité au sens politique moderne – l'idée selon laquelle la religion et le pouvoir politique, l'Église et l'État sont des entités différentes qui peuvent ou doivent être séparées – est une notion profondément chrétienne. » Au lieu de quoi, dans une société pleinement islamique, il n'y a pas deux entités susceptibles d'être disjointes, le pouvoir religieux et le pouvoir politique ne faisant qu'un. De ce fait, l'arabe classique,

79. *Ibid.*, p. 21, 65, 82, 83 ; *L'Histoire*, fév. 2002, p. 78.

tout comme les autres langues classiques de l'islam, « ne possède pas de couple d'opposition sémantique recouvrant la dichotomie chrétienne entre le laïque et l'ecclésiastique, le spirituel et le temporel, le séculier et le religieux ». La raison en est que, déjà au temps de Mahomet, l'islam « *était* l'État ». Si bien que « l'identification de la religion et du pouvoir est inscrite de manière indélébile dans la mémoire et la conscience des fidèles, sur la foi de leurs propres textes sacrés, de leur histoire et de leur vécu ». Mahomet fut non seulement prophète, mais encore chef politique, chef de guerre et fondateur d'un empire. Si bien que « ses disciples étaient fortifiés dans leur foi par la croyance en l'approbation divine manifestée par les succès et les victoires »[80].

Le lien entre islam et politique, confirme Rémi Brague, « est peut-être plus étroit encore qu'on ne le pense communément ». Car la conquête arabe entraîna la formation d'un « État-butin ». L'unité de « la communauté des conquérants se concrétisa dans l'exploitation commune des terres et des paysans conquis ». Cette conquête, « propulsant des Bédouins faméliques depuis une vie misérable "de

80. Lewis (Bernard), « Le retour de l'islam », *op. cit.*, p. 1126-127 ; « Que s'est-il passé ? », p. 1248, 1251.

sable et de poux (*raml wa-quaml*)" jusqu'à une opulence fantastique » n'a cessé d'être « rappelée à la conscience musulmane [...] comme constituant une preuve tangible de la vérité de la religion, à savoir ses dividendes ». Car « Allah paie ». De fait, alors que, pour le messianisme juif, le royaume glorieux est à espérer dans un futur eschatologique, l'islam a offert aux Arabes une satisfaction immédiate par la guerre de conquête. D'ailleurs, le seul passage biblique précis que le Coran cite avec sa référence est un verset des Psaumes qui annonce : « Les justes possèderont la terre. » Appliqué aux musulmans, ce texte transforme la promesse eschatologique en une prise de possession du monde réalisée immédiatement au moyen de la conquête[81]. L'islam récupère à son profit le messianisme juif en le transposant du futur dans le présent. Les justes annoncés par la Bible deviennent les musulmans, et leur royaume glorieux va être établi sans attendre.

Si la dimension politique de l'islam est « coextensive » à la révélation coranique, c'est parce qu'à la suite de l'hégire, où il quitta en 622 La Mecque pour Médine, Mahomet

81. BRAGUE (Rémi), *La loi de Dieu*, p. 50-51, 102-103.

assura dans cette ville la direction d'une communauté dont il organisa l'existence. Ce qui est séparé chez les prophètes habituels se trouve confondu chez Mahomet, qui est à la fois prophète et roi. Alors qu'il avait été au départ un messager isolé annonçant à sa ville natale l'imminence de la fin des temps, Mahomet fut à la fin de sa carrière le chef d'un groupe humain victorieux auquel il dictait son organisation et son droit. « Le Coran se mit donc à légiférer, en particulier sur le mariage et l'héritage. En lui, c'est Dieu, et non le Prophète, simple instrument, qui est censé parler. » Et à cette législation réputée divine s'est ajouté le recueil des paroles et actions de Mahomet, les *hadiths*, lesquels devaient servir de modèle à tous les musulmans, dès lors que le Coran avait décidé que le Prophète était pour eux « le bel exemple »[82]. Durant la dernière décennie de sa vie, Mahomet fut un prince et un juge dont l'autorité reposait sur une légitimation exclusivement religieuse[83]. C'est de sa qualité de prophète, par lequel se révélait la volonté divine, que Mahomet a tiré sa légitimité de chef politique et militaire, de

---

82. Coran, 33, 21.
83. Brague (Rémi), *La loi de Dieu*, p. 53, 104, 123.

poseur de normes et de magistrat. C'était l'islam qui légitimait son pouvoir.

En fait, ce roi de guerre victorieux que fut Mahomet ressemblait assez à ce messie guerrier et triomphant qu'attendaient bien des juifs du temps du Christ, rôle que celui-ci s'est refusé à endosser. La différence absolue entre Mahomet et Jésus porte en germe la profonde antinomie entre les deux civilisations découlant d'eux. « *Je ne comprends pas que le Christ n'ait pas fondé un État !* » Ainsi pense Rachid Kaci, « pourtant un modéré parmi les musulmans ». L'abbé Guillaume de Tanoüarn, qui rapporte ce propos, ajoute : « Mahomet, lui, l'a fait, c'était un chef de guerre qui organisait des expéditions militaires, des razzias. Les musulmans ont beaucoup de mal à comprendre cette distinction entre le spirituel et le temporel. »[84]

Ce qu'on appelle en France la laïcité est une notion à laquelle s'oppose radicalement l'islam, qui chérit l'idéal d'« un pouvoir unique commandant l'ensemble des croyants en intime accord avec les commandements de la parole divine ». Cet idéal s'est concrétisé dans la figure du calife, où se combinent

84. Tanouärn (Guillaume, de), « Saint Pie X et la civilisation chrétienne » *in Le choc des civilisations, mythe et réalités*, Paris, 2009, p. 257.

le pouvoir politique et le pouvoir religieux, « mais dans un sens et sur un mode qui n'ont rien à voir avec les catégories chrétiennes »[85].

Ne faisant guère de place à un domaine profane indépendant du sacré, l'islam a vocation à « encadrer autant la vie privée que la vie publique, l'existence individuelle que la vie collective, la famille que l'État, l'économie que les relations non marchandes, la politique que la pratique du culte »[86]. Bref, l'islam prétend régenter la totalité de l'activité humaine et gouverner intégralement la société. Cela fait de lui une religion à « vocation totalisante »[87]. L'idéal islamique est que tout le fonctionnement de l'ordre social découle de « la confusion de la Religion et du Droit dans la Loi, sans distinction possible de la limite séparative des deux domaines »[88]. Cette exigence d'une

---

85. Gauchet (Marcel), *La condition historique*, p. 127.

86. Sur (Serge), « L'islam comme religion, comme société et comme politique » *in Questions internationales*, n° 21, sept.-oct. 2006, p. 5.

87. Claret de Fleuriau (Marie), *L'État musulman, entre l'idéal islamique et les contraintes du monde temporel*, Paris, Éd. LGDJ, 2010, p. 7.

88. Milliot (Louis), *Introduction à l'étude du droit musulman*, Paris, Éd. Sirey, 2e éd. (avec

société fonctionnant « à partir d'un principe unique ou d'un ensemble de principes "faisant système" », d'où doivent résulter « strictement toutes les manifestations » de la vie sociale, correspond à la définition même de « la vision holiste de l'ordre social »[89].

Le déficit de légitimité de l'État musulman

Faute d'une distinction du sacré et du profane, l'État musulman n'a pas de légitimité propre. Il n'existe que pour servir la religion. Dans l'islam, la légitimité de l'État est exclusivement religieuse. De là vient l'idéal musulman d'un État conçu comme « l'incarnation dans un corps politique d'une loi dont les principes seraient directement issus de la Révélation »[90].

Après la mort de Mahomet, en 632, sa double mission religieuse et politique a continué en la personne de ses successeurs.

François-Paul Blanc), 1989, p. 30.

89. BOUDON (Raymond), BOURRICAUD (François), *Dictionnaire critique de la sociologie*, Paris, PUF, 1986, V° « Totalitarisme », p. 631.

90. BRAGUE (Rémi), *La loi de Dieu*, p. 189.

Portant le titre de calife – mot qui signifie le successeur –, ils furent tout comme lui chefs suprêmes de l'islam aussi bien en matière religieuse que politique. Ils portèrent d'ailleurs aussi, à partir du calife Omar, le titre officiel de prince des croyants (*amîr al-mu'minîn*). Étant comme Mahomet « les représentants de Dieu », les califes étaient réputés formuler la loi « donnée par Dieu ». Leurs décisions juridictionnelles « comptaient comme loi sacrée »[91].

Cependant, au cours du Moyen Âge, les califes seront en pratique dessaisis de toutes les questions relatives à la loi divine. Cette spoliation a été opérée à leur profit par les « hommes de religion », juristes, théologiens et penseurs versés dans l'étude du Coran et de la tradition concernant les actions et paroles du Prophète. On les appelle oulémas, terme arabe signifiant « savants », que l'on traduit aussi par l'expression « docteurs de la Loi »[92]. Constituant « une classe impersonnelle de "savants" », les oulémas créèrent à leur profit une autorité religieuse indépendante par rapport au calife. Leur instrument

91. *Ibid.*, p. 182.

92. Sourdel (Dominique et Janine), *op. cit.*, V° « Oulémas », p. 645-646.

fut la formation de la *Sunna*, qui rassemblait les dires, actes et approbations de Mahomet, appelés comme on le sait les *hadiths*, qui formaient un corps de règles de droit garanties par l'autorité du Prophète[93]. Ce fut à la fin du XIe siècle que les oulémas, mettant à profit un affaiblissement de la puissance des califes, s'emparèrent de « la situation de dépositaires de la Loi, déclarant même qu'ils détenaient "l'héritage de la prophétie" », prérogative que les successeurs de Mahomet s'étaient jusque-là réservée[94]. S'étant imposés au détriment du calife comme « les gardiens de la divinité », juristes et théologiens ont monopolisé tout ce qui touchait à l'élaboration, l'interprétation et l'application de la loi divine[95].

Or, on le sait, la loi divine musulmane comportait un vaste système de règles de droit où tout acte humain devait pouvoir « recevoir

93. BRAGUE (Rémi), *ibid.*, p. 182, 183, 186.

94. SOURDEL, *ibid.*, p. 646.

95. MAHDI (Muhsin), *La fondation de la philosophie politique en Islam*, Paris, Éd. Flammarion, 2000, cité par Saber MANSOURI, *L'Islam confisqué*, Arles, Éd. Actes Sud, 2010, p. 102-103.

sa norme de Dieu »[96]. Formée, on s'en souvient, du Coran et de la *Sunna*, la *charia* renfermait de nombreuses règles de droit. Et comme tout ce qui touchait la loi divine était de la compétence des oulémas, l'État se trouvait exclu de l'élaboration, de l'adaptation et de la mise en œuvre de la norme juridique pour l'ensemble du droit privé – droit des personnes, droit des biens, droit des obligations –, ainsi que pour une grande partie du droit pénal. Désormais privé de toute possibilité d'intervention dans le domaine du droit – si ce n'est pour la création de règles administratives ou fiscales –, le pouvoir politique se trouvait très amoindri dans ses compétences.

Pour autant, cette montée en puissance des oulémas au détriment des pouvoirs du calife n'a pas abouti à la naissance d'une séparation du spirituel et du temporel. Certes, s'est mise en place dans la pratique une distinction entre le « pouvoir politique » et « l'autorité religieuse ». Mais cette « séparation du politique et du religieux » s'est « inscrite dans les faits, et nullement dans les idées ». Si bien que, « dans l'islam, rien ne correspond à la séparation, qui fut théorisée ailleurs, du

96. Brague (Rémi), *La loi de Dieu*, p. 190.

spirituel et du temporel »[97]. Il n'y a rien eu dans l'islam de pareil à la doctrine « laïque » de saint Thomas, établissant la légitimité de l'autonomie de l'État dans le domaine des affaires temporelles.

En l'absence d'une théorisation de la distinction du spirituel et du temporel, qui aurait conféré à celui-ci une légitimité intrinsèque, la perte par le prince de l'héritage de la prophétie va priver l'État musulman de toute légitimité propre. À partir du moment où le calife n'est plus le successeur de Mahomet dans la formulation de la loi donnée par Dieu et où ses décisions juridictionnelles ne comptent plus comme loi sacrée, il perd le substrat de son pouvoir. Privée de son assise religieuse directe, la fonction politique est dévaluée. Elle ne peut plus avoir qu'une légitimité d'origine externe conférée par les oulémas, à condition que ceux-ci consentent à reconnaître officiellement la validité des gouvernants. Et la chose sera encore plus nette à partir de l'abolition du titre même de calife, intervenue en 1924. Dès lors, presque partout dans le monde musulman, le pouvoir politique aura perdu tout vestige de sa substance

97. *Ibid.*, p. 187, 189.

religieuse primitive. D'un point de vue islamique, sa légitimité dépendra exclusivement du bon vouloir des hommes de religion.

Il est donc difficile de suivre Olivier Roy quand il parle d'une « "sécularité" politique » de l'islam. Il est vrai que les gouvernants des pays musulmans « ont pris le pouvoir (et continuent de le prendre) dans des logiques parfaitement temporelles (la force, la succession dynastique, le coup d'État, voire l'élection) ». Il n'en reste pas moins que ces gouvernants doivent « négocier leur légitimité » avec les oulémas. Le fait que ceux-ci puissent être « plus ou moins domestiqués »[98] ne change rien à la chose. Le pouvoir politique n'a pas de légitimité en dehors de celle que lui reconnaissent les gens de religion. Les procédures temporelles d'accès au pouvoir sont impuissantes à conférer une légitimité. On ne peut pas parler de sécularité politique quand les gouvernants ne sont reconnus comme légitimes par les gouvernés que lorsque l'autorité religieuse a proclamé leur caractère légitime.

C'est la religion et elle seule qui fonde la légitimité de ces chefs politiques prétendument séculiers. Le pouvoir doit continuellement

---

98. Roy (Olivier), *La laïcité face à l'islam*, Paris, Éd. Stock, 2005, p. 90.

prouver qu'il mérite sa légitimité en montrant « qu'il défend l'islam à l'extérieur et se réclame de la *charia* à l'intérieur »[99]. Pour rester au pouvoir, il est particulièrement conseillé aux gouvernants de « faire montre de piété en honorant les hommes de religion et en faisant mine de les consulter ». En effet, l'autorité religieuse, maîtresse de la légitimité du pouvoir politique, utilise à son gré son emprise sur les esprits des croyants pour prôner l'obéissance aux gouvernants qui lui conviennent ou pour déclencher « l'indignation populaire » contre ceux qu'elle veut faire tomber[100]. En conséquence, l'islam contient un « puissant ferment d'anarchie ». Il engendre des « sociétés politiques instables et contentieuses », au sein desquelles celui qui abat le pouvoir en place sera « autorisé de Dieu par sa victoire »[101].

Dans le monde musulman, le pouvoir peut bien être fort, ou même despotique, « l'État en islam a toujours été faible »[102]. N'existant que dans le seul but de garder et d'appliquer

99. *Ibid.*, p. 96.

100. Brague (Rémi), *La loi de Dieu*, p. 187.

101. Gauchet (Marcel), *La condition historique*, p. 127.

102. Roy (Olivier), *op. cit.*, p. 96.

l'immuable loi divine[103], l'État ne saurait être que le serviteur de la *charia*. S'il ne joue pas ce rôle, l'État n'a pas de raison d'être. Il y a indiscutablement une dévalorisation musulmane de l'État.

La confusion islamique de la religion et du droit

En plus d'être une croyance transcendante en un Dieu tout puissant, la religion musulmane consiste dans l'observation pointilleuse de toute une série de règles de droit et de normes de comportement inscrites dans la loi de Dieu et visant à régir l'ensemble de l'existence sociale. N'étant à beaucoup d'égards, selon la formule de Voltaire, « qu'un réchauffé de judaïsme »[104], l'islam est comme lui une législation révélée, un ensemble de règles prétendument divines dont beaucoup sont juridiques.

L'islam étant à la fois une religion et une législation ayant vocation à régir l'ensemble

---

103. Brague (Rémi), *La loi de Dieu*, p. 197.

104. « Le danger d'avoir raison », *Romans et contes* (texte correspondant à l'article « Raison » du *Dictionnaire philosophique*).

de la vie sociale, il a comme on le sait, édicté tout un ensemble de règles de droit régissant notamment le droit de la famille, de la propriété, des successions, des contrats, de la responsabilité, des peines. Il y a là tout un droit civil, concernant notamment le mariage et la vie familiale, la répudiation, l'héritage, la vente, les dettes et l'ensemble des obligations. Mais aussi tout un droit pénal islamique très archaïque, qui n'est pas sans évoquer par sa barbarie celui de la Gaule mérovingienne, dont il est le contemporain. S'y ajoutent des règles régissant l'ordre public musulman : ainsi, la prohibition du prêt à intérêt, le statut des membres des autres religions, l'interdiction des boissons fermentées ainsi que de certains jeux, et aussi la tenue vestimentaire des femmes avec l'institution du port du voile, prescrit par le Coran comme par la *Sunna*[105].

C'est parce qu'il est une législation intangible que l'islam est par essence statique. D'après la doctrine musulmane, l'homme n'a pas le pouvoir de légiférer car il n'existe qu'une seule loi : la loi divine[106]. C'est l'inverse du christianisme, qui est dynamique

105. Delcambre (Anne-Marie), *op. cit.*, p. 40.
106. Lewis (Bernard), « Que s'est-il passé ? », *op. cit.*, p. 1253.

car il n'est pas une législation. On ne saurait trop rappeler que Jésus a refusé de se laisser entraîner dans le rôle de législateur et de juge, dès lors que son royaume n'était pas de ce monde. Sinon, il aurait légiféré sur le statut juridique des femmes, l'esclavage, le droit pénal, etc., comme le fit l'islam.

Considérées comme sacrées, les règles de droit régissant la société musulmane forment un code de droit contenu, comme on l'a vu, dans la *charia*, laquelle rassemble le Coran et la *Sunna*, recueil d'une infinité d'anecdotes concernant le Prophète et de paroles lui étant attribuées : les *hadiths*. Bien des musulmans considèrent que c'est grâce à eux qu'on peut véritablement comprendre le Coran, car les *hadiths* sont en général beaucoup plus explicites. Mahomet étant l'interprète inspiré de la parole divine, ce qu'il a dit et fait a toujours été d'une aide précieuse pour les juristes, et en particulier pour les juges en charge de dire le droit dans les procès. Au point que la jurisprudence a parfois adopté des solutions différentes de celles du Coran en s'appuyant sur les *hadiths*. Car les principes posés par le Coran puis appréhendés concrètement par le Prophète dans la *Sunna* ont fait l'objet de la part des juristes d'une réflexion savante d'où est né le droit musulman : le *fiqh*. Déduit du Coran et des *hadiths* par les grands jurisconsultes, le droit musulman fait partie lui aussi des textes fondateurs de l'islam et jouit du caractère définitif et intangible de la *charia*[107]. Mais le problème, on y reviendra, est que toute législation devient tôt ou tard inadaptée.

Le profane englobé par le sacré

Alors qu'une séparation de fait entre le pouvoir politique et l'autorité religieuse est intervenue de longue date dans le monde musulman, elle ne s'est pas accompagnée d'une distinction du spirituel et du temporel, du sacré et du profane. Dans l'islam, ce que les Occidentaux appellent le temporel se trouve inclus au sein de ce qu'ils nomment le spirituel. Dans le système musulman, le temporel n'a aucune autonomie par rapport au spirituel : il s'y trouve entièrement immergé. Le sacré fait plus que dominer le profane : il l'englobe.

---

107. SOURDEL (Dominique et Janine), *op. cit.*, V° « Fiqh », p. 297. CANDIARD (Adrien), *Comprendre l'islam*, Paris, Éd. Flammarion, 2016, p. 31, 34. DELCAMBRE (Anne-Marie), *op. cit.*, p. 12.

Dans l'islam, au niveau des principes, rien n'est dû à César parce qu'il est César. À ce titre, il n'a droit à rien. Il n'a droit à rien car l'islam rejette l'idée de la distinction entre Dieu et César, qui confère à celui-ci une légitimité propre. Il n'a droit à rien car il ne bénéficie pas, comme c'est le cas dans le christianisme, d'une légitimité de principe résultant de la brève parole évangélique indiquant que les pouvoirs terrestres, même s'exerçant de manière injuste comme celui de Pilate, résultent d'une institution divine. Ce qu'explicite saint Paul quand il déclare que l'autorité publique vient de Dieu et que c'est lui qui a établi toutes celles qui existent sur la terre[108]. Si bien que, dans une perspective évangélique, César possède par définition une légitimité et des droits.

On ne trouve pas dans l'islam de telles paroles fondatrices d'un espace autonome en faveur de l'État. Si bien que le pouvoir politique ne peut être légitime que s'il jouit d'une approbation divine particulière. Celle-ci était inhérente à l'institution du califat durant les premiers siècles, dès lors que les califes étaient chefs suprêmes de l'islam tout comme

---

108. *Romains*, 13, 1.

l'avait été Mahomet. Plus tard, le prince se verra contraint d'obtenir des gens de religion qu'ils attestent publiquement de sa piété et de son engagement au service de l'islam. Dès lors, l'indispensable légitimation religieuse de l'État ne peut plus lui venir que de l'extérieur, par l'intermédiaire des oulémas. À moins que des circonstances historiques propre à un État musulman n'aient permis que s'y réalise dans la même personne la confusion de la qualité de chef religieux et de celle de chef politique. Tel est tout particulièrement le cas au Maroc pour la dynastie Alaouite, au pouvoir depuis 1635. Le fait que le roi du Maroc soit pour son peuple *amir al-mu'minîn*, la titulature même des califes de jadis, crée en sa faveur une légitimité religieuse interne au pouvoir politique. Ce mini califat à l'échelle d'un seul pays a manifestement contribué à la très remarquable solidité du royaume chérifien.

Mais, dans tous les cas, l'islam interdit que l'État puisse avoir une légitimité purement humaine, une légitimité séculière. L'absence en islam du « Rendez à César ce qui est à César, et à Dieu ce qui est à Dieu » se trouve à la source de ce déficit structurel de légitimité de l'État qui est un problème majeur du monde musulman, constituant un obstacle dirimant à sa modernisation véritable.

La sacralisation de l'ordre terrestre musulman

Pour les musulmans, le texte du Coran « possède un caractère sacré qui n'a pas d'équivalent dans les formes habituelles du judaïsme ou du christianisme »[109]. C'est que, pour la doctrine sunnite, le Coran est éternel et incréé, il coexiste avec Dieu de toute éternité. La foi dans cette sacralité absolue fonde l'idée de la perfection de l'islam comme législation de toute l'activité humaine, et par voie de conséquence la conviction que la stricte application de la loi divine musulmane permet d'assurer la réalisation de la perfection en ce monde. Si bien qu'à l'inverse du christianisme, l'islam manifeste la prétention d'organiser le royaume de Dieu sur la terre[110].

Dans l'imaginaire politique de l'islam,

109. Lewis (Bernard), « Juifs en terre d'islam », *op. cit.*, p. 513.

110. Boisard (Marcel-André), *L'humanisme de l'Islam*, Paris, Éd. Albin Michel, 1979, p. 36.

il existe une cité terrestre parfaite, dont la Médine gouvernée par Mahomet constitue l'archétype. La cité de Dieu est réalisable ici-bas à condition de respecter scrupuleusement la loi divine. La cité idéale est la cité musulmane[111]. Cela entraîne la croyance en un ordre terrestre sacré, l'ordre terrestre fixé par les textes saints de l'islam. Quand on s'en éloigne, il faut d'urgence y revenir. Telle est la seule liberté de mouvement que l'islam laisse aux sociétés humaines qu'il régit. Ce qui revient à dire que l'immobilisme est l'idéal socio-religieux du monde musulman. Le devoir du bon musulman est de revenir à l'ordre terrestre prétendument institué par la volonté divine aux premiers temps de l'islam. Si bien que, face aux déboires et déceptions éprouvés par le monde musulman, en particulier du fait de son déclassement provoqué par la montée en puissance de la chrétienté occidentale, la solution prônée par les savants, juristes et penseurs de l'islam, a invariablement été : « Revenons à nos origines, à nos bonnes vieilles coutumes, à la vraie foi, à la parole de Dieu. »[112]

---

111. Brague (Rémi), *La loi de Dieu*, p. 54.
112. Lewis (Bernard), « Que s'est-il passé ? », *op. cit.*, p. 1205.

Dans la logique de l'islam, il n'y a pas d'action profane. Toute l'existence du croyant est placée sous le signe du sacré. L'islamiste Tariq Ramadan en témoigne : « Toute action quelque profane qu'elle puisse sembler en apparence, mais qui est nourrie par le souvenir de Dieu, est sacrée : de l'hygiène quotidienne à l'acte sexuel, de la prière au jeûne. »[113] Tout au long de son existence, le musulman est ligoté dans un réseau de règles réputées d'édiction divine, dont il lui est impossible de se libérer[114].

Or, parmi les règles posées par la loi divine, certaines sont porteuses de discriminations envers les femmes et les non-musulmans, tandis que d'autres opèrent une institutionnalisation de l'esclavage. Ce qui fait de l'islam un système structurellement ultradiscriminatoire.

---

113. Ramadan (Tariq), *Islam, le face-à-face des civilisations*, cité par Olivier Roy, *La laïcité face à l'islam*, p. 135-136.

114. Delcambre (Anne-Marie), *op. cit.*, p. 94.

Le caractère ultradiscriminatoire de l'islam

Les discriminations et incitations à la haine inhérentes à l'islam sont sans commune mesure avec celles qui sont aujourd'hui si vétilleusement traquées en Occident au nom des droits de l'homme, et qui paraissent par comparaison infimes.

C'est un déni de réalité que de mettre systématiquement sur le même plan les religions monothéistes afin de ne pas avoir à prononcer de critique envers l'islam. Ce déni de réalité est pratiqué par les démocraties occidentales au nom d'un politiquement correct qui se refuse à voir que non seulement l'islam refuse l'égalité civile et même pénale aux femmes et aux non-musulmans, mais encore il ignore cette forme minimale de l'égalité constituée par le caractère général de la condition d'homme libre au sein de la société.

L'islam repose sur une triple discrimination inscrite de manière irrévocable dans le code de droit que contient la *charia* : discrimination à l'encontre des *dhimmis*, discrimination à l'encontre des femmes, discrimination produite par la légalité de l'esclavage.

L'infériorité institutionnelle des non-musulmans

Le Coran apporte aux musulmans la certitude de leur supériorité, les assurant qu'ils sont « la meilleure communauté qu'on ait fait surgir pour les hommes »[115]. Quand il s'est emparé d'un territoire, l'islam a toléré que les chrétiens et les juifs puissent continuer à y vivre, mais il fait d'eux une population de seconde zone, des tributaires : les *dhimmis*[116]. Ils doivent payer un impôt par tête, la *jizya*, qui a une fonction d'humiliation prévue par le Coran : « Combattez-les jusqu'à ce qu'ils paient la *jizya* directement et alors qu'ils

---

115. Coran, 3, 106-110.

116. Y'Eor (Bat), *Le dhimmi*, Éd. Les Provinciales, 2018. Conrad (Philippe), *Al-Andalus : l'imposture du mythe du « paradis multiculturel »*, Paris, Éd. La Nouvelle Librairie, 2020.

soient humiliés. »[117] Officiellement contrat de protection, la *dhimma* ressemblait en fait davantage à un racket de protection : il fallait payer pour pouvoir rester vivant dans son propre pays conquis par l'islam. La *jizya* est le prix à payer pour acheter cette humiliante et incertaine protection. Soumis institutionnellement à toute une série d'incapacités et d'humiliations, en principe protégés par les autorités contre les violences et vexations venant des musulmans, les non-musulmans furent toujours méprisés et bien souvent opprimés.

La conquête islamique des VIIe et VIIIe siècles ayant permis à un petit nombre de guerriers musulmans de s'emparer d'immenses territoires à population principalement chrétienne, les conquérants ont compris que leur intérêt était, tout en humiliant tous ces gens, de les laisser garder leur religion et poursuivre leurs activités économiques, dont les musulmans tireraient profit par l'impôt et par des redevances. Formant l'aristocratie militaire et gouvernante des pays conquis, les musulmans vivaient principalement grâce à l'exploitation du troupeau méprisé des paysans chrétiens, l'importante ponction opérée sur le fruit de

117. Coran, 9, 29.

leur travail étant la condition d'existence de tout le système.

Le même phénomène se reproduira dans les vastes portions de l'Europe conquises par l'islam à l'époque ottomane. Les musulmans sont là encore un groupe dominant privilégié, exploitant la population non musulmane des pays dont ils se sont emparés. Dans la plus grande partie des Balkans sous domination islamique, les musulmans étaient peu nombreux – surtout des militaires, fonctionnaires ou propriétaires seigneuriaux – et exploitaient la masse des sujets conquis, le plus souvent chrétiens, les *raïas*. Les villes à la population musulmane importante n'étaient que des garnisons ou des bazars. Au XIXe siècle encore, dans les petites plaines balkaniques où s'étendaient les grands domaines des féodaux musulmans cultivés par la paysannerie chrétienne, les villages étaient dominés par la maison fortifiée du bey ou de l'aga.

Le statut des *dhimmis* fut fixé un siècle après la mort de Mahomet en s'appuyant d'une part sur le Coran et d'autre part sur la manière dont Mahomet avait agi envers les juifs à Médine. En contrepartie de la permission de rester sur ce qui fut leur terre, devenue terre d'islam, les *dhimmis* doivent payer, outre la *jizya*, un impôt foncier appelé *kharâdj*[118]. Le paiement de la *jizya*, on le sait, doit être l'occasion d'humilier le non-musulman. Il s'agit de rappeler aux *dhimmis* la précarité de leur situation et le mépris de l'islam pour eux. Dans l'Espagne musulmane médiévale, le percepteur musulman assis sur une sorte de trône saisissait à la gorge le non-musulman apportant son impôt en lui disant : « Oh, *dhimmi*, ennemi d'Allah, paye la *jizya* que tu nous dois pour la protection et la tolérance que nous t'accordons. » Et les autres musulmans présents rudoyaient eux aussi le *dhimmi* ainsi que les personnes l'accompagnant[119].

Mais ce n'était qu'une vexation parmi bien d'autres. Car tout était fait pour humilier le *dhimmi*. Tout avait été prévu : l'interdiction sous peine de mort du mariage ou de relations sexuelles avec une musulmane ; les spécificités vestimentaires qu'on leur imposait pour attirer le mépris sur eux ; la prohibition qui leur était faite de porter des armes et d'utiliser des montures nobles, comme le cheval ou le chameau ; l'interdiction qu'ils

118. DELCAMBRE (Anne-Marie), *op. cit.*, p. 51.
119. FERNÁNDEZ-MORERA (Dario), *Chrétiens, juifs et musulmans dans al-Andalus*, Paris, Éd. Jean-Cyrille Godefroy, 2018, p. 223.

avaient de bâtir de nouvelles églises, et aussi d'avoir des maisons plus hautes ou plus belles que celles des musulmans ; l'obligation où ils étaient de se montrer humbles et respectueux vis-à-vis des musulmans[120].

Aujourd'hui encore, alors que nombre de pays musulmans ont adopté sous l'influence occidentale une législation faisant au moins en principe une certaine place à l'idée d'égalité, toutes ces humiliations infligées aux non-musulmans sont loin d'avoir disparu. Bon connaisseur de l'Égypte, Jean-Pierre Péroncel-Hugoz a pu naguère écrire, à l'époque de Sadate : « Être mahométan, c'est une noblesse, c'est mériter des égards de la part des non-musulmans. En certains coins reculés de Haute-Égypte, un fellah copte descend de son âne et s'efface s'il croise un fellah musulman à pied. »[121] Certes, entre-temps, de grands efforts ont été accomplis, notamment par le maréchal Sissi, en vue d'assurer aux coptes davantage de sécurité et d'égalité effective. Mais ils se sont trop souvent heurtés à la persistance du mépris et des violences des masses musulmanes envers les chrétiens,

---

120. Delcambre (Anne-Marie), *op. cit.*, p. 51-52.
121. Péroncel-Hugoz (Jean-Pierre), *Le radeau de Mahomet*, Paris, Éd. Lieu Commun, 1983, p. 73.

dans lesquels beaucoup s'obstinent à refuser de voir des citoyens égyptiens comme les autres. Si bien que les choses n'ont certainement pas changé fondamentalement dans ce village, sauf si les enfants de ce paysan chrétien, pour fuir l'humiliation éternellement infligée par les musulmans à ceux qui ne le sont pas, ont abandonné leur terre ancestrale et cherché refuge en Occident, ou bien se sont convertis à l'islam.

Au cours des siècles, nombreux sont ceux qui, pour échapper au statut d'infériorité juridique et d'exploitation financière de la *dhimmitude* ainsi qu'aux brimades l'accompagnant, se sont convertis à l'islam. Devenir musulman était tellement avantageux par rapport à la triste et pénible condition imposée aux non-musulmans que le nombre des conversions a fini, dans bien des pays conquis par l'islam, par inverser la proportion entre le nombre des musulmans et celui des *dhimmis*. Alors qu'ils étaient au départ une minorité conquérante et oppressive, les musulmans se sont transformés en une majorité continuant d'opprimer le peu qui restait de non-musulmans. Car les *dhimmis*, qui étaient à l'origine la population du pays conquis où ils formaient sous le joug de l'islam une majorité opprimée, sont finalement devenus une minorité opprimée dans ce qui avait été la terre de leurs ancêtres. D'où ces lettres de jeunes chrétiens d'Égypte alors étudiants en France, publiées par *Le Monde* en 1977 : « Nous ne voulons pas être tolérés sur une terre où nous étions chez nous, où nous étions chrétiens, plusieurs siècles avant les invasions musulmanes ; nous voulons y avoir l'égalité des droits avec nos compatriotes musulmans »[122].

L'islam ne reconnaît traditionnellement la plénitude humaine qu'aux musulmans[123]. Cela a été vrai pendant un millénaire et cela reste vrai aujourd'hui, car c'est inscrit dans les textes saints de l'islam. Il est dans la logique des choses que, là où l'islam conquérant établit une société musulmane, les non-musulmans soient enfermés à nouveau dans la même condition de *dhimmis*[124]. C'est ce genre de sort qui attend ceux des Européens qui ne se convertiraient pas à l'islam, au cas où celui-ci mènerait jusqu'à son terme sa conquête de l'Europe.

---

122. *Le Monde*, 26 nov. 1977, cité par Jean-Pierre Péroncel-Hugoz, *op. cit.*, p. 99.

123. Iribarne (Philippe, d'), *L'islam devant la démocratie,* Paris, Éd. Gallimard, 2013, p. 133.

124. Ellul (Jacques), *op. cit.*, p. 104.

Islam et infériorité juridique des femmes

Proclamant que « les hommes ont autorité sur les femmes, en vertu de la préférence que Dieu leur a accordée sur elles », le Coran est le socle d'une infériorité de la situation des femmes résultant prétendument de la volonté divine. La même sourate des femmes ajoute que le mari est en droit d'admonester l'épouse dont il craint l'infidélité, de l'enfermer dans une chambre et de la frapper[125]. Le Coran compare la femme mariée à un champ que le maître du champ peut labourer toutes les fois qu'il le veut[126]. L'homme se sert sexuellement de la femme à sa guise[127].

L'islam proscrit la proximité des femmes avec des hommes qui ne sont pas de leur famille. C'est pourquoi la mixité est prohibée à la mosquée. Et, dans les rues, Mahomet a prescrit que les hommes marchent au milieu et les femmes sur les côtés. Le brassage des hommes et des femmes est déconseillé[128]. Longtemps

---

125. Coran, 4, 38-40.
126. Coran, 2, 223.
127. DELCAMBRE (Anne-Marie), *op. cit.*, p. 43.
128. *Ibid.*, p. 41.

correspondant du journal *Le Monde* à Alger et au Caire, Jean-Pierre Péroncel-Hugoz évoquait l'étrangeté des sociétés musulmanes, « où vous pouvez être trente ans intime avec quelqu'un sans jamais voir sa mère, sa femme, sa fille ou sa sœur, sans savoir même si elles existent »[129].

L'infériorité juridique de la femme résulte de la *charia* qui fait d'elle une éternelle mineure passant de la tutelle de sa famille à celle de son mari. D'ailleurs, dans la logique juridique de l'islam, un homme vaut deux femmes. En matière successorale, la loi divine attribue aux héritiers mâles, matière successorale, une part double de celle des filles[130]. Même la Tunisie modernisée par Habib Bourguiba, qui avait pourtant proscrit la polygamie et la répudiation, ne s'était pas risquée à supprimer cette règle inégalitaire[131]. De même, en matière pénale, le témoignage d'une femme ne vaut que la moitié de celui d'un homme. Il faut deux dépositions féminines pour contrebalancer la déposition d'un seul homme.

La même inégalité entre l'homme et la femme se retrouve dans le fait qu'un musulman

129. Péroncel-Hugoz (Jean-Pierre), *op. cit.*, p. 70.

130. Coran, 4, 12-11.

131. Péroncel-Hugoz (Jean-Pierre), *op. cit.*, p. 67.

est libre d'épouser une non-musulmane, alors qu'une musulmane se voit interdire, sous peine de mort, d'épouser un non-musulman. Ce qui est la conséquence de la règle selon laquelle c'est le père qui transmet aux enfants leur appartenance religieuse.

Même inégalité encore à propos de la rupture du lien matrimonial. Le mari peut à tout instant répudier son épouse de manière unilatérale en vertu d'une décision discrétionnaire, sans donner de motif. La répudiation est la chose la plus facile du monde. Il suffit que l'homme prononce trois fois le mot *talak* pour que la femme soit répudiée. En revanche, si c'est la femme qui veut unc séparation, c'est beaucoup plus difficile. La femme ayant des griefs contre son mari doit porter sa plainte devant le cadi, qui juge d'après la loi coranique, en lui demandant de prononcer la dissolution du mariage.

Enfin, autant l'islam permet aux hommes d'avoir de manière licite une vie sexuelle en dehors du mariage, autant il astreint les femmes à la plus stricte fidélité conjugale. L'épouse adultère encourt un sévère châtiment. Le Coran prévoit pour elle, dans deux versets différents, deux formes de punition : être enfermée ou être fouettée. Cependant, sous l'effet d'une jurisprudence se fondant sur des *hadiths*, le droit musulman traditionnel a adopté pour la femme infidèle la peine terrible de la lapidation[132]. Au lieu de quoi les hommes musulmans sont autorisés par la loi divine à entretenir en toute bonne conscience des relations sexuelles avec des femmes qui sont leurs esclaves[133]. Et comme le Coran n'impose pas à ce sujet de limitation de nombre, cela autorise dans le principe un musulman à établir un concubinage avec autant d'esclaves qu'il le veut. C'était la chose la plus normale du monde en terre d'islam tant que l'esclavage y a été appliqué de manière générale, c'est-à-dire pendant très longtemps. Au point que dans les familles riches, il était fréquent d'offrir au marié en cadeau de noces une esclave à usage de concubine.

La légitimation de l'esclavage par l'islam

Il est couramment dit que l'islam a amélioré la condition des esclaves en Arabie, ce

132. Candiard (Adrien), *op. cit.*, p. 31.
133. Coran, 4, 3.

qui est certainement vrai. Il y a indiscutablement dans le Coran une bienveillance envers les esclaves, mais à la condition qu'ils soient musulmans. L'islam indique que l'affranchissement d'un esclave musulman est un acte particulièrement agréable à Allah. Mais ce n'est qu'une incitation adressée aux maîtres d'esclaves, et non une obligation, qui n'empêche pas l'institution de l'esclavage de rester parfaitement licite. « Plusieurs versets entérinent au demeurant l'infériorité de l'esclave par rapport à son maître », observe Malek Chebel, qui résume ainsi la position du Coran sur l'esclavage : « Si, d'un côté, le Coran tente de limiter les prérogatives des esclavagistes en les incitant à affranchir ceux des esclaves vertueux qu'ils possèdent [...] le Livre accepte simultanément que la condition des esclaves par rapport à leurs maîtres soit maintenue en l'état. »[134]

Malgré sa sollicitude pour les esclaves musulmans, Mahomet n'avait nullement en vue l'élimination graduelle de l'esclavage. Bien loin de là, tout en voulant améliorer le sort des esclaves, à condition qu'ils soient

134. Chebel (Malek), *L'esclavage en terre d'islam*, Paris, Éd. Fayard/Pluriel, 2010 [2007], p. 10, 16-31, 297-303.

musulmans, le Coran fonde définitivement la légitimité de l'esclavage dans le droit musulman. Murray Gordon indique : « En réalité, il n'y a rien dans les prescriptions du Prophète sur l'esclavage qui permette de conclure qu'il aurait en aucune façon favorisé l'abolition même graduelle de l'esclavage. Une approche aussi radicale lui aurait aliéné les gens mêmes qu'il voulait gagner à son enseignement. Le credo abolitionniste lui était également étranger pour des raisons profondément pragmatiques. Les esclaves étaient l'un des principaux piliers de l'économie pastorale arabe et faisaient partie intégrante de la vie sociale. Mettre fin à l'esclavage aurait abouti à une révolution sociale en obligeant les Arabes à accomplir eux-mêmes une multitude de tâches domestiques et de travaux agricoles qu'ils méprisaient traditionnellement. »[135]

Aujourd'hui, même si les pays musulmans ont mis leur législation en conformité à celle des pays occidentaux en interdisant l'esclavage, il n'en reste pas moins que le Coran autorise la possession d'esclaves. Si bien que sur les marchés d'esclaves des territoires irakiens et

135. Gordon (Murray), *L'esclavage dans le monde arabe (viie-xxe siècle)*, Paris, Éd. Tallandier, 1987, p. 25.

syriens naguère contrôlés par l'État islamique, c'est en toute conformité à la loi divine que l'on pouvait il y a peu acheter pour l'équivalent de quelques dizaines d'euros une esclave chrétienne ou yazidie. Tout en invitant les maîtres à une plus grande bienveillance envers leurs esclaves musulmans, le Coran, qui est réputé être la parole même de Dieu, entérine l'institution de l'esclavage.

Mutatis mutandis, la position du Coran, à la fois bienveillante envers l'esclave et réaliste envers l'esclavage est la même que celle que l'on trouvera dans l'ordonnance de 1685 ou Code Noir, tant reproché à Colbert – lequel n'avait d'ailleurs fait, avant de mourir, que lancer l'enquête préalable à la rédaction du texte. La royauté française n'avait aucunement consenti à l'importation d'esclaves africains dans ses possessions d'Amérique, dont elle entendait privilégier la mise en valeur par une main d'œuvre européenne : les engagés blancs. Mais confronté à l'ampleur du phénomène de l'esclavage aux Antilles, le pouvoir royal en prend acte et légifère pour protéger autant que possible les esclaves contre les mauvais traitements susceptibles de résulter de l'arbitraire des maîtres. Le Code Noir introduit toute une série de mesures protectrices des esclaves. Le maître est tenu à des obligations d'entretien envers ses esclaves, qui pourront le poursuivre en justice s'il y manque. Sont prohibés les « crimes et traitements barbares et inhumains » des maîtres envers leurs esclaves. Il leur est interdit de les mutiler, torturer ou tuer sous peine de sanctions pénales. Les esclaves âgés, malades ou infirmes doivent être nourris et entretenus par leur maître. Mais, à côté de cela, le principe de l'esclavage dans les îles de l'Amérique n'est pas remis en cause par le pouvoir royal. Il sait très bien que les colons n'accepteraient jamais son abolition, qui risquerait de provoquer une révolte contre la France et un appel au secours à l'Angleterre, laquelle serait ravie de cette occasion de s'emparer des Antilles françaises[136].

Cependant, la comparaison s'arrête là. Le Code Noir n'était qu'une loi humaine, et donc facile à changer. À peine plus d'un siècle après intervenait la première abolition de l'esclavage par la France, suivie d'une seconde abolition, définitive cette fois, en 1848. Au lieu de quoi le Coran, du fait qu'il est réputé

---

136. Niort (Jean-François), *Le Code Noir*, Paris, Éd. Le Cavalier Bleu, 2015. Harouel (Jean-Louis), « Le Code Noir » *in À la recherche du réel*, Limoges, PULIM, 2019, p. 259.

être la loi divine, est intangible et comporte toujours parmi ses versets la légitimation de l'esclavage.

Interdire le commerce des esclaves : un crime contre Dieu

Sous la pression insistante des puissances européennes, le gouvernement de l'empire ottoman s'est employé à partir de 1854 à essayer de limiter l'esclavage en interdisant la traite des Noirs. La conséquence fut un grand soulèvement en Arabie, à l'appel du chef des oulémas de La Mecque, lequel publia une *fatwa* qui proclamait : « L'interdiction du commerce des esclaves est contraire à la Loi sacrée de l'islam. » Ce qui est une réalité : « D'un point de vue musulman traditionnel, abolir l'esclavage relevait quasiment de l'inconcevable. Interdire ce que Dieu permet est un crime presque aussi grand que de permettre ce qu'Il interdit. L'esclavage était licite et les règles qui le régissaient faisaient partie intégrante de la *charia* [...] Rien d'étonnant donc si la résistance la plus farouche aux réformes proposées vint des milieux religieux conservateurs et, en particulier, des villes saintes de La Mecque et de Médine. »[137]

De même, le mouvement de soulèvement du Mahdi, au Soudan, contre le colonisateur britannique, a eu très largement pour cause le mécontentement des musulmans en raison de l'interdiction de la traite des esclaves en provenance de l'intérieur de l'Afrique, que dénonçait avec véhémence la Société antiesclavagiste de Londres.

On mesure là les inconvénients d'une législation prétendument divine. Il existe incontestablement dans l'islam une certaine idée de fraternité. Mais, du fait que l'institution de l'esclavage se trouve sacralisée car admise par le texte saint fondateur de l'islam, par le Coran, cette fraternité ne va pas au-delà du devoir fait aux maîtres de bien traiter leurs esclaves musulmans et d'une incitation à pratiquer en leur faveur des gestes d'affranchissement.

Le carcan résultant de la sacralisation par l'islam d'un ordre terrestre au prétexte qu'il est réputé voulu par Dieu interdit à la société et au droit d'évoluer, alors même que certaines valeurs présentes dans la religion musulmane – telles que bienveillance

---

137. Lewis (Bernard), « Que s'est-il passé ? », *op. cit.*, p. 1238-1244.

ou humanité – auraient pu permettre cette évolution. La sacralisation d'un quelconque ordre terrestre, c'est l'immobilisme garanti, car tout changement à cet ordre sera perçu comme une impiété. En conséquence, il n'a pas existé au sein du monde musulman un processus de rejet de l'esclavage, comme cela s'est produit dans le monde chrétien.

Islam et christianisme face à l'esclavage

Les civilisations chrétienne et islamique avaient l'une comme l'autre hérité de l'esclavagisme des civilisations méditerranéennes antiques, qui utilisaient essentiellement des esclaves blancs (Gaulois, Ibères, Germains, etc.), car en Grèce et à Rome l'esclave noir était rare et cher, signe extérieur de grand luxe réservé aux très riches. Or, en dépit de leur commun point de départ esclavagiste, les deux civilisations ont abouti à des résultats radicalement divergents. Tandis que la civilisation chrétienne a fini par détruire l'esclavage, le monde musulman l'a conservé sans état d'âme, et n'y a finalement renoncé – plus ou moins complètement – que sous la pression de l'Occident.

Cela dit, ce n'est que sur le très long terme que l'esprit de fraternité du christianisme a pu donner toute sa mesure concernant l'esclavage. Certes, le christianisme était porteur de l'idée d'une égalité de tous les hommes en Dieu, mais il ne comportait aucune prescription d'organisation sociale. Cela permit à l'esclavage – qui était alors l'esclavage des Blancs – de survivre en Occident durant le haut Moyen Âge. En effet, durant les premiers siècles, le discours chrétien s'est borné à prescrire de traiter humainement les esclaves. Il ne réclamait aucunement l'abolition de l'esclavage, et incitait les esclaves à obéir à leurs maîtres. Toutefois, comme la religion chrétienne n'avait pas pour autant fait de l'esclavage une institution entérinée par Dieu, il n'a fait l'objet dans la chrétienté d'aucune sacralisation, ce qui a permis sa disparition sans que cela transgresse aucune loi divine.

La première étape a consisté pour l'Église à faire reconnaître à l'esclave la qualité de personne. Dès le VIIIe siècle, des conciles affirment le droit de l'esclave de se marier. Puis, progressivement, autour de l'an mil, l'esclave, qui était une chose, va se transformer en un serf, dont le statut juridique comporte certes des incapacités, mais qui est pleinement une personne. L'esclavage a fait place au servage. Après quoi, au XIIIe siècle, va intervenir un grand mouvement d'effacement du servage lui-même, qui a apporté – chose inouïe – un statut de liberté à la paysannerie.

En France, par exemple, le servage disparaît presque partout, et dans les quelques régions où il subsiste, c'est sous une forme très atténuée. En effet, la qualité de serf ne s'attache plus à la personne (serf de corps), mais résulte seulement de la possession d'un certain type d'exploitation agricole (tenure servile) qui donne à ses occupants le statut juridique de serf (serf d'héritage). Contrairement à la servitude personnelle, cette servitude réelle liée à la terre disparaît si le serf abandonne celle-ci. C'est sous cette forme très particulière – qui n'empêchait pas certains serfs d'être riches et localement des notables – que le servage a perduré jusqu'à la fin de l'Ancien Régime dans un petit nombre de régions de France.

Il n'en reste pas moins que, dès la fin du Moyen Âge, la quasi totalité de la population d'Europe occidentale était désormais composée de personnes de condition libre. Une situation entièrement inédite, que l'on a appelée à juste titre la « libération médiévale »[138].

Les juristes de la chrétienté occidentale en tirent les conséquences : la liberté des personnes est la règle, et l'esclavage une institution définitivement abolie. Ainsi, dans la France du XVIe siècle, un célèbre adage de Loisel disait qu'il ne pouvait y avoir d'esclaves dans ce royaume, et que tout esclave qui y entrait et se faisait baptiser devenait automatiquement un homme libre[139]. De même, Étienne Pasquier, autre grand jurisconsulte du XVIe siècle, écrivait en faisant le lien entre christianisme et disparition de l'esclavage : « Toutes personnes naissent libres et franches en France hormis en quelques coutumes particulières [...] C'est un bénéfice que nous avons, avec le temps, rapporté de toute notre chrétienté. »[140]

Cependant, au moment même où s'affirmait dans l'Occident chrétien cette conscience que l'esclavage appartenait définitivement au

---

138. DOCKÈS (Pierre), *La libération médiévale*, Paris, PUF, 1980.

139. LOISEL, *Institutes coutumières*, Paris, 1637 [1607] (Livre 1, titre I, §3).

140. PASQUIER (Étienne), *L'interprétation des Institutes de Justinien...*, Paris, 1847 (Livre I, chapitre XXII).

passé, la découverte de l'Amérique allait le relancer. Mais, cette fois, ce sont des esclaves noirs, achetés sur les côtes occidentales de l'Afrique et revendus aux planteurs européens des colonies du Nouveau Monde. C'est la traite atlantique, qui a déporté aux Amériques environ 11 millions de personnes[141].

Pour autant, les Européens n'ont pas inventé la traite des Noirs, qui existait déjà depuis des siècles à destination du monde musulman. Dès le haut Moyen Âge, le monde musulman est devenu le grand importateur d'esclaves. Dans les premiers siècles de l'islam, de nombreux Blancs d'Asie et d'Europe sont déportés en terre musulmane. Beaucoup furent des Slaves : de là viennent le terme français esclave et le terme anglais *slave*. Massivement capturés dans des razzias, ces Slaves furent vendus aux musulmans d'Égypte, au mépris des excommunications, par des négociants des grands ports tels que Venise ou Marseille. Mais, parallèlement, la très grande demande d'esclaves du monde arabo-musulman avait entraîné la mise en route de deux courants de traite en

141. Sur les traites des Noirs, voir notamment : PÉTRÉ-GRENOUILLEAU (Olivier), *Les traites négrières*, Paris, Éd. Gallimard, 2004.

provenance d'Afrique noire. L'un, terrestre, conduisait les esclaves du subcontinent noir jusqu'au nord de l'Afrique à travers le Sahara (traite transsaharienne). L'autre, maritime, acheminait les esclaves noirs depuis les ports de la côte orientale de l'Afrique jusqu'au Moyen Orient (traite orientale). Il semble qu'au total, entre le milieu du VIIe siècle et la fin du XIXe siècle, les traites musulmanes aient déporté un nombre de Noirs nettement supérieur à la traite européenne, de l'ordre de 17 millions de personnes[142].

Dès lors, pourquoi ne trouve-t-on pas au Moyen Orient et au Maghreb une présence noire comparable à celle qui existe aux États-Unis, aux Antilles, au Brésil ? C'est notamment parce que la demande d'esclaves du monde islamique était très sélective. Au cours des raids lancés contre des villages africains, les femmes âgées et la plupart des hommes étaient fréquemment mis à mort, et on ne capturait le plus souvent que les femmes jeunes ainsi que les jeunes garçons destinés à devenir des eunuques, lesquels atteignaient une grande valeur marchande[143].

142. *Ibid.*, p. 376-377.

143. Gordon (Murray), *op. cit.*, p. 85, 151.

De très nombreux garçons noirs destinés aux acheteurs musulmans furent castrés, avec une énorme mortalité. Quant aux concubines noires, les enfants nés de leurs relations avec leurs maîtres étaient généralement victimes d'infanticides. Si bien que la plupart des Africains déportés dans le monde arabo-musulman ont été privés de la possibilité de laisser une descendance. Soit une « extinction ethnique »[144]. À l'inverse, un très grand nombre d'esclaves amenés aux Amériques ont pu avoir une descendance, d'où l'actuelle importance de la population issue de la traite atlantique.

Les Africains ont joué un rôle capital dans l'approvisionnement en esclaves des traites musulmanes et plus encore de la traite atlantique. Pour alimenter celle-ci, la fourniture des esclaves est restée une affaire afro-africaine. D'ailleurs, outre les traites musulmanes, il existait dans l'Afrique noire de l'époque médiévale et moderne un trafic interne d'esclaves alimenté par les razzias et les guerres (traite interne). En particulier, la période des XVe-XVIIe siècles fut caractérisée, dans la partie occidentale de l'Afrique noire, par une grande

---

144. N'DIAYE (Tidiane), *Le génocide voilé*, Paris, Éd. Gallimard, 2008, p. 227-243.

fréquence de guerres interétatiques, génératrices de vastes réductions en esclavage, au point que la masse d'esclaves ainsi produite était « abondante et parfois encombrante »[145]. En effet, les États riverains du golfe de Guinée se trouvaient trop loin du Sahara pour y écouler leur surplus d'esclaves vers le monde islamique au moyen de la traite transsaharienne. Si bien que l'arrivée des navigateurs européens a été providentielle pour le commerce de ces États : il existait une offre africaine d'esclaves, dans laquelle s'est coulée la demande européenne. La déportation d'esclaves noirs en terre arabo-musulmane et outre-Atlantique s'est faite dans un climat raciste. S'écartant de l'idée chrétienne d'unité du genre humain, beaucoup de philosophes des Lumières voyaient dans le Noir une créature plus proche de l'animal que de l'homme[146]. Mais dès le XIVe siècle, le grand historien musulman Ibn Khaldûn ne pensait pas autrement, qui plaçait les Noirs « à un degré inférieur d'humanité, leur place étant plus proche du stade animal ». Quant à l'écrivain persan du XIIIe siècle Nasir al-Din al-Tusi,

---

145. Pétré-Grenouilleau (Olivier), *La traite des Noirs*, Paris, PUF, 1997, p. 113.

146. Martin (Xavier), *Voltaire méconnu*, Poitiers, Éd. DMM, 1997.

il considérait que les esclaves noirs n'avaient par rapport aux animaux d'autre différence que le fait de n'avoir pas les mains au sol. Aussi bien le mépris envers les esclaves était-il présent chez les Noirs eux-mêmes : « Les Mossi de l'actuel Burkina Faso prirent ainsi l'habitude de ranger sous un même nom qualificatif de gourounsis, plus ou moins synonyme de "barbare", les peuples chez lesquels ils avaient l'habitude de faire des esclaves, tout simplement parce qu'ils étaient différents, politiquement moins structurés et plus faibles. »[147]

Cependant, dans les pays occidentaux, l'esprit du christianisme a fini par faire prévaloir l'idée que l'esclavage des Noirs était incompatible avec la dignité de l'être humain. Le mouvement part d'Angleterre, pays qui est pourtant celui qui a déporté au XVIIIe siècle le plus de Noirs vers l'Amérique. La force du mouvement abolitionniste anglais repose largement sur la prédication des pasteurs évangélistes dénonçant la traite des Noirs comme un crime contre l'homme et contre Dieu. Aux origines de la première campagne antiesclavagiste, on trouve principalement

---

147. PÉTRÉ-GRENOUILLEAU (Olivier), V° « Esclavage », *Dictionnaire de la violence*, dir. Michela Marzano, Paris, PUF, 2011, p. 449.

le prédicateur méthodiste John Wesley et la secte de Clapham qui suivait son enseignement. Les membres de ce groupe surent gagner à la cause abolitionniste l'homme politique William Wilberforce, récemment converti à l'évangélisme. Ami de Pitt et membre de la chambre des Communes, Wilberforce y réclame à partir de 1787 l'interdiction de la traite des Noirs et l'abolition de l'esclavage, avec l'inlassable constance que lui inspirent ses convictions religieuses.

Il en est résulté une interdiction de la traite par l'Angleterre (1806) et les autres puissances occidentales (France, 1817), puis une abolition de l'esclavage lui-même dans les colonies anglaises (1833) et françaises (1848). Décidée par l'Occident, la suppression de la traite atlantique a été imposée par lui aux États côtiers de l'Afrique occidentale spécialisés dans la fourniture d'esclaves noirs aux acheteurs européens.

Cependant, rien de pareil n'avait lieu dans le monde islamique. Dès lors que l'esclavage figurait dans le Coran, les musulmans n'avaient aucune raison de le remettre en cause. Aussi, l'autre grande forme de la traite – vers l'Afrique du Nord et le Moyen Orient – continua-t-elle de plus belle au

XIXe siècle, lequel correspondit même à son apogée. Les traites transsaharienne et orientale déportent 4 à 5 millions de personnes à travers le siècle. Et, parallèlement, on le sait, des Européens continuaient d'être razziés par des musulmans en Méditerranée, ou même dans l'Atlantique, et réduits en esclavage à Alger, Oran, Tunis ou Salé. D'où l'expédition française de 1830 à Alger.

Finalement, ce fut la colonisation de l'Afrique du Nord et de l'Afrique noire qui mit presque entièrement fin à la traite musulmane, les puissances européennes abolissant l'esclavage, s'attaquant aux marchands d'esclaves et faisant cesser l'exportation au départ de leurs colonies. L'acte de Berlin de 1885, confirmé par l'acte antiesclavagiste de Bruxelles de 1890, pose la règle que « conformément au droit des gens, la traite des esclaves est interdite ».

Pendant ce temps-là, la traite et l'esclavage ont perduré tranquillement dans les pays musulmans ayant échappé à la domination européenne. Ainsi, dans cette partie reculée de la Tripolitaine – l'actuelle Libye – qu'est le Fezzan, la traite des Noirs, arrêtée par la colonisation italienne, reprend dès que celle-ci s'interrompt, au commencement de la Première Guerre mondiale. Et c'est le retour des Italiens, en 1929, qui y mettra fin. De même, durant les premières décennies du XXe siècle, on sait que Henry de Monfreid, dûment converti à l'islam, a pratiqué en mer Rouge avec son boutre un très actif trafic de cargaisons d'esclaves africains vers la péninsule arabique.

D'ailleurs, en 1930, Joseph Kessel a publié dans *Le Matin* une série d'articles où il relatait comment il avait suivi « pas à pas, et parfois périlleusement, le chemin de la traite, depuis le rapt originel jusqu'à son aboutissement ». Celui-ci était le Hedjaz, en Arabie, la terre sainte des musulmans, lieu de naissance et de vie de Mahomet. Dans le port de Djeddha, à La Mecque comme à Médine, le commerce des esclaves était intense. Certes, le roi Ibn Séoud, qui est en train d'achever de conquérir les territoires formant l'Arabie Saoudite, créée en 1932, est hostile à la traite. Mais il doit tenir compte du « fanatisme » de ses guerriers wahhabites. Dès lors que « le Coran admet l'esclavage », il est difficile de « heurter de front la forteresse terrible de la foi ». Au terme de son enquête de terrain, Kessel conclut : « Comme pour une marchandise ordinaire soumise à la loi fatale de l'offre et de la demande, il y a pour le marché aux esclaves des régions de matière première, des exportateurs, des intermédiaires, des consommateurs sur place et au-dehors. Il y a des prix variables selon l'abondance de la récolte et les difficultés du transport. Il y eut même – et cela jusqu'en 1924 – un tarif douanier. »[148]

De nos jours encore, même si l'esclavage est en principe aboli dans les pays musulmans, il est loin d'avoir entièrement disparu en terre d'islam. Malek Chebel signale sa persistance notamment en Arabie saoudite, dans les Émirats arabes unis et en Mauritanie[149]. Et en 1996, l'envoyé spécial de l'ONU pour le Soudan a fait état pour ce pays d'une « augmentation effrayante de l'esclavagisme, du commerce des esclaves et du travail forcé »[150]. En Afrique, tout particulièrement, l'esclavage reste « une réalité dramatique et quotidienne », et cela « malgré les condamnations internationales et les engagements officiels »[151].

---

148. Kessel (Joseph), « Marchés d'esclaves », *Les grands articles qui ont fait l'histoire*, Patrick Éveno (éd.), Paris, Éd. Flammarion, 2010, p. 187-190.

149. Chebel (Malek), *op. cit.*, p. 139-150 et 205-216.

150. Cité par Tidiane N'diaye, *op. cit.*, p. 11.

151. Gautheret (Jérôme), « Les traites négrières : des migrations forcées », *L'atlas des mondialisations*,

Il faut dire qu'en Afrique noire le trafic des êtres humains préexistait à l'arrivée des acheteurs d'esclaves arabes puis européens, même si l'esclavage n'y a pas été pratiqué par tous les peuples. Et ce trafic pouvait aller bien au-delà du simple esclavage. La chair des esclaves pouvait, chez certains peuples, être vendue comme viande de boucherie, comme le constatèrent les missionnaires européens qui remontèrent à la fin du XIXe siècle le cours du Congo puis de l'Oubangui. « Sur certains marchés on débitait des esclaves vivants ; chaque acheteur marquait à la craie le morceau qu'il avait choisi ; lorsque le corps entier était ainsi vendu, on tuait l'esclave et l'on servait les chalands. Dans quelques tribus, pour que la chair fût plus tendre, on rompait vives les victimes que l'on plongeait ainsi dans le fleuve liées les unes aux autres, en ne laissant émerger que les têtes. »[152] En 1897 encore, Mgr Augouard, l'évêque du Congo, indique qu'un de ses missionnaires revient d'une tournée où il a « racheté 52 enfants [...] destinés à la marmite des cannibales »[153].

---

coéd. La Vie-Le Monde, 2010-2011, p. 51.

152. Beslier (Geneviève G.), *L'apôtre du Congo. Mgr Augouard*, Paris, 1932, p. 135.

153. Augouard (Mgr), *28 années au Congo*,

Le caractère ultradiscriminatoire de l'islam

Dans leur lutte contre l'esclavage dans le bassin du Congo à la fin du XIXe siècle, les missionnaires se heurtèrent à l'influence de l'islam. Mgr Augouard avait constaté « la connexité existant entre l'islam et l'esclavage ». Dans le Congo belge, c'était au chef d'une tribu arabe installée sur le cours supérieur du Congo, Tippu Tip, que Stanley avait fait attribuer le gouvernement du Katanga. Promu gouverneur de province, ce négrier se trouva en position de force pour continuer et amplifier ses razzias, faisant incendier les villages dont les habitants étaient « emmenés par troupeau en esclavage ». Quant aux territoires sous contrôle français, les milieux gouvernementaux, portés par leur haine du catholicisme à gêner les missionnaires, prétendaient que l'islam serait « une transition utile entre le fétichisme et le christianisme ». En conséquence de quoi on avait installé dans certains secteurs de l'Afrique équatoriale « des instituteurs musulmans amenés d'Algérie »[154].

Si, rétrospectivement, on veut faire de l'esclavage un crime contre l'humanité, force est de constater que c'est l'humanité entière qui a été

Poitiers, s. d., p. 162, 185.

154. Beslier (Geneviève G.), *op. cit.*, p. 160-164.

extrêmement criminelle envers elle-même, dès lors que l'esclavage a été « la pratique la mieux partagée de la planète »[155]. Certes, la chrétienté a largement participé à ce crime aux XVIIe et XVIIIe siècles, mais elle a surtout été la civilisation qui en a pris conscience et qui y a mis fin, d'abord aux Amériques, puis en Afrique et au Moyen Orient. Parmi toutes les civilisations, c'est l'Occident et lui seul, parce qu'il était historiquement chrétien, qui a réalisé l'éradication de l'esclavage. Au lieu d'être aujourd'hui quasiment le seul accusé d'un passé esclavagiste que partagent autant et plus d'autres civilisations – tout particulièrement le monde musulman –, l'Occident devrait être célébré pour avoir détruit l'esclavage. Inversement, le rapport étroit entre islam et esclavage devrait cesser d'être systématiquement passé sous silence, alors qu'« historiquement la traite négrière est une invention du monde arabo-musulman ». Alors que « le commerce négrier et les expéditions guerrières provoquées par les Arabo-musulmans furent, pour l'Afrique noire et tout au long des siècles, bien plus dévastateurs que la traite transatlantique »[156].

155. Chebel (Malek), *op. cit.*, p. 8.
156. N'diaye (Tidiane), *op. cit.*, p. 17, 250.

L'impossible sortie de la religion du monde musulman

La sécularisation que connaît toute la partie de l'humanité ayant porté durablement l'empreinte chrétienne fut, on le sait, le résultat du grand processus historique que Marcel Gauchet a appelé la « sortie de la religion ». Le christianisme a été la matrice de l'affirmation progressive d'une sécularisation qui a permis et accompagné l'essor de l'Occident et son invention du monde moderne, caractérisé par le progrès scientifique et technique, le développement économique, l'élévation des niveaux de vie et l'adoucissement du genre de vie.

Longtemps, durant les XIXe et XXe siècles, il n'a pas paru impossible que le monde musulman se décide un jour à se mettre vraiment à l'école de l'Occident et entreprenne résolument un travail de sécularisation, c'est-à-dire de sortie de la religion au sens que Marcel Gauchet donne à ce terme : dégager entièrement la société de l'emprise structurelle de la religion, sans pour autant faire disparaître la possibilité d'une vie religieuse à l'échelle des personnes.

Aujourd'hui, cependant, il apparaît clairement que ces espoirs étaient vains. Depuis les dernières décennies du XXe siècle, il est devenu évident que les pays musulmans ont majoritairement rejeté les politiques de modernisation de la société, aussi bien inspirées de l'Occident que se réclamant d'un socialisme dont la référence était l'Union soviétique. Nulle part dans le monde musulman l'État n'a renoncé à l'islam comme « élément fondateur de la communauté nationale » : partout l'islam est la religion de l'État, ou dans la main de l'État, « même dans des pays réputés “laïques” comme la Turquie »[157].

Le cas de ce pays est emblématique de cet échec du monde musulman à sortir de la religion. La Turquie est en effet le pays musulman où l'effort de sécularisation a été de très loin le plus poussé, et où il a semblé pendant un demi-siècle avoir réussi.

---

157. Cesari (Jocelyne), *L'islam à l'épreuve de l'Occident*, Paris, Éd. de La Découverte, 2004, p. 71.

Un modèle de sécularisation : la Turquie kémaliste

De son nom de naissance musulman Mustafa Kemal, Atatürk se réclamait d'une « laïcisation de type occidental qui voulait effacer le souvenir de l'État islamique des Ottomans »[158]. Cependant, le poids de l'islam dans la société turque l'a contraint, par prudence, à ne pas se montrer ouvertement antireligieux. Ne pouvant attaquer de front la religion comme il l'aurait voulu, il a transigé avec elle. Dans un premier temps, il s'est trouvé forcé d'accorder à l'islam, par la constitution de 1924, le statut de religion d'État. Quant aux hommes de religion – les imans –, ce sont des fonctionnaires rétribués par l'État et qui dépendent d'une direction administrative des affaires religieuses appelée le Dyanet. Du moins Atatürk espérait-il assurer ainsi le « contrôle du religieux par l'État »[159].

À l'œuvre en Turquie entre les deux guerres mondiales, le kémalisme constitue l'effort le plus accompli de la part d'un pays

---

158. Sourdel (Dominique et Janine), *op. cit.*, V° « Atatürk », p. 114.

159. Roy (Olivier), *op. cit.*, p. 30, 54, 55.

de civilisation musulmane pour résoudre la difficile équation que pose la création d'un État-nation moderne dans une société soumise à la législation réputée divine qu'est la *charia*, prétendant déterminer les détails de la vie publique et privée des croyants. Dirigeant son pays d'une main de fer et réprimant sans état d'âme les insurrections provoquées par ses réformes radicales, Atatürk a pris toute une série de mesures destinées à évincer la religion des affaires de l'État et de la société. Toutes les dispositions à caractère juridique de la *charia* sont tenues pour lettre morte et les tribunaux religieux qui les appliquaient sont supprimés. C'est la loi de l'État qui fonde désormais le droit, sous la forme de codes à l'européenne – code civil, code pénal, code de commerce – appliqués par des juridictions séculières. Le mariage civil est imposé et la polygamie abolie. Le port du voile est interdit aux femmes et celui du fez aux hommes. Un enseignement public est mis en place. L'alphabet arabe est rejeté au bénéfice des caractères latins. La langue turque sera seule nécessaire pour accomplir des études supérieures, à l'exclusion de l'arabe et du persan. Tout un système scolaire organisé par l'État est mis en place. Le calendrier musulman partant de l'hégire (16 juillet 622) est abandonné au profit du calendrier grégorien des Occidentaux. Quant à la journée de repos, elle est passée du vendredi de l'islam au dimanche des chrétiens. L'islam cesse d'être la religion de l'État (1928) et les citoyens doivent se choisir un nom de famille. À cette occasion, la Grande Assemblée nationale décerna à Mustafa Kemal pour nom de famille Atatürk, le père des Turcs[160].

Disparu en 1938, Atatürk a doté la Turquie d'un État moderne sur le modèle occidental et il a travaillé à séculariser la société civile en expulsant de celle-ci la loi de Dieu pour tout ce qui n'est pas strictement l'exercice du culte.

Bref, le nationalisme turc mis en œuvre par Atatürk a consisté à européaniser au maximum la Turquie sans rompre pour autant avec l'islam. Il a rejeté la tradition musulmane tout en gardant un culte musulman. Son objectif était de parvenir à une société sécularisée dans laquelle la religion musulmane se serait trouvée dans la même position que la religion chrétienne dans les pays de l'Europe occidentale de son temps : une religion se limitant pour l'essentiel à la

---

160. Sourdel (Dominique et Janine), *op. cit.*, V° « Atatürk », p. 115-116 ; V° « Kémalisme », p. 466.

sphère privée et n'assurant plus une structuration de la société qui relève désormais de la compétence de l'État.

Chose tout à fait exceptionnelle dans le monde musulman, Atatürk a réussi à édifier un État solidement fondé. Pour y parvenir, il a imposé à la société turque le très chrétien précepte « Rendez à César ce qui est à César, et à Dieu ce qui est à Dieu ». Que les Turcs se rendent à la mosquée, c'est permis et c'est même très bien. Mais, pour le reste – le droit, le vêtement, le mode de vie et de comportement –, la population turque doit se conformer aux normes édictées par l'État, des normes dignes d'un pays moderne et efficace : et donc des normes d'inspiration européenne, en totale opposition à celles contenues dans la *charia*.

À court et moyen terme, il a semblé qu'Atatürk avait réussi définitivement son entreprise de destruction de la structuration religieuse de la société turque. Tout au moins pour les classes supérieures et moyennes, car les classes populaires et spécialement la paysannerie n'étaient que partiellement sorties des mentalités et des modes de vie ancestraux. Mais, petit à petit, la façade de sécularisation imposée à la société turque s'est fissurée de manière de plus en plus marquée. Sur le long terme la société civile a résisté à l'action sécularisatrice de l'État, d'abord sourdement puis de plus en plus ouvertement. Car, en dehors des minces minorités religieuses subsistant en Anatolie, la population turque n'a pas cessé d'être musulmane.

La société turque n'a pas vu apparaître d'athéisme ou d'agnosticisme de masse. La sortie de la religion sur le modèle européen occidental, qui semblait devoir constituer l'aboutissement de la politique laïcisatrice d'Atatürk, ne s'est pas produite. C'est la place donnée à l'islam dans sa conception de la laïcité qui a rendu impossible à la Turquie de rester vraiment un pays laïque.

La place essentielle de l'islam dans la laïcité kémaliste

Au lendemain de la Première Guerre mondiale, alors que l'empire ottoman vaincu était en cours de démembrement, la construction d'un État-nation turc a eu pour préalable une guerre terrible qui a permis aux armées du mouvement national turc dirigé par Mustafa Kemal de purger le sol de l'Anatolie de presque toute l'importante population chrétienne qui y vivait, essentiellement des Grecs et des Arméniens. C'est après ce grand nettoyage ethnico-religieux, quand on s'est retrouvé en Anatolie presque exclusivement entre musulmans, qu'a pu commencer le travail d'édification d'un État turc qui, pour être moderne comme le voulait Mustafa Kemal, se devait d'être à la fois national et laïc. Or l'islam a été une des bases de cet État, avec pour conséquence une réelle ambiguïté de la laïcisation opérée par Atatürk et donc une faille dans son œuvre de sécularisation de la Turquie.

Atatürk a beau avoir été qualifié de « traître à l'islam » et d'« ennemi des musulmans à l'égal des sionistes »[161] par les intégristes arabes de la fin du XXe siècle, il n'en a pas moins fait de l'islam sunnite un des éléments majeurs de l'identité nationale turque. Atatürk n'a pas séparé l'État de la religion conformément au modèle laïc français, il a subordonné le religieux au politique, il a fait de la religion l'un des moyens d'action de l'État. Mais, tout en instrumentalisant l'islam au bénéfice de la nation turque, il a du même coup conforté l'islam, il a reconnu implicitement son impor-

161. Péroncel-Hugoz (Jean-Pierre), *op. cit.*, p. 65.

tance. Atatürk a aboli l'emprise juridique de l'islam sur la société turque, mais il n'a pas attaqué la religion musulmane dans son principe, il ne l'a pas dévalorisée ni humiliée. La Turquie kémaliste n'a retenu de l'islam qu'une version tronquée, mais hautement valorisée comme emblème identitaire national. Le drapeau turc porte sur fond rouge le croissant et l'étoile de l'islam, ce qui atteste que la Turquie est bien un pays musulman.

Tout en obligeant les Turcs à « se détacher des références islamiques tout en se rapprochant de l'Europe et en intégrant ses valeurs »[162], Atatürk avait gardé l'appartenance à l'islam comme un élément fondamental de la définition de l'identité turque. La laïcité kémaliste invite les Turcs à limiter à la mosquée leur pratique de la religion, mais sans que cela les empêche d'être musulmans et fiers de l'être.

Il y avait là une pierre d'attente, susceptible de permettre un jour un redéploiement de la religion musulmane dans toute

---

162. Ant (K.), « La Turquie et l'héritage religieux de l'Europe » *in L'héritage religieux et spirituel de l'identité européenne*, dir. Jean-Luc Chabot et Christophe Tournu, Paris, Éd. de L'Harmattan, 2004, p. 52.

sa volonté de dominer la société, avec pour conséquence la pleine réintégration de la Turquie dans l'islam.

L'abandon progressif de la sécularisation par la Turquie

Il avait fallu tout l'autoritarisme dictatorial d'Atatürk joint à l'immense prestige dont il jouissait auprès de son peuple pour obliger celui-ci à se plier à l'espèce de schizophrénie qui lui était imposée : rester musulman de cœur tout en vivant intégralement à l'occidentale, c'est-à-dire en reniant les règles de pensée et de vie imposées par l'islam. Après sa disparition, seule l'armée et les dirigeants qui en étaient issus, fidèles à la mémoire d'Atatürk, ont eu vraiment la volonté et le pouvoir de maintenir le modèle de laïcité inventé par lui. En revanche, la classe politique s'est montrée beaucoup plus attentive aux attentes des milieux religieux mais aussi des électeurs en matière de retour vers une pratique plus complète de l'islam.

Une population restée massivement attachée à son identité musulmane ne peut qu'être tentée de revenir vers la loi de Dieu, vers la *charia*. Déjà, du vivant d'Atatürk, les hommes du peuple à qui on interdisait le fez en leur prescrivant de porter une casquette, comme en Europe, avaient contourné l'impiété que constituait le port d'un couvre-chef à visière – car celle-ci sépare de Dieu – en mettant leur casquette à l'envers pour avoir la visière sur la nuque. Même si l'islam turc n'est pas celui du monde arabe, même s'il est « plutôt suivi comme une coutume populaire », il est toujours bien présent. Certes, les Turcs boivent leur verre de raki au soir des jours de jeûne du Ramadan, mais la majorité d'entre eux fait le Ramadan et va à la prière du vendredi[163].

Après la disparition d'Atatürk, le processus de modernisation qu'il avait mis en route s'est trouvé amplifié par la place importante occupée par la Turquie dans l'OTAN et par l'importante aide américaine qui en a été la récompense. Dans les années 1950, alors que tous les taxis d'Istamboul étaient d'énormes voitures américaines – des Cadillac, des Buick, des Chevrolet ou des Plymouth – la Turquie entrait dans la voie du développement économique. Mais celui-ci s'est paradoxalement accompagné d'un retour progressif

163. *Ibid.*, p. 260-261.

à la structuration de la société par la religion. Les hommes politiques amenés au pouvoir par les élections ont de plus en plus travaillé à la réislamisation de la Turquie.

Cela s'est d'abord marqué par de petits faits porteurs d'une grande signification. L'un d'eux fut le début de la remise de la basilique Sainte-Sophie sous la coupe de l'islam. Après la prise de Constantinople, la grandiose église où avaient été couronnés les empereurs romains d'Orient était devenue la grande mosquée de l'empire turc ainsi que le modèle architectural dont s'étaient inspirées toutes les mosquées ottomanes. Eu égard à la valeur architecturale exceptionnelle de la basilique de Justinien et à l'immense célébrité de son décor de mosaïques, Atatürk avait décidé en 1934 que Sainte-Sophie cesserait d'être affectée au culte pour devenir un musée. Parfaitement justifiée du point de vue de l'histoire de l'art, cette décision était aussi politiquement très sage : elle faisait disparaître toute pomme de discorde entre musulmans et Occidentaux à propos des destinées du plus fameux témoignage laissé par l'art byzantin. Mais le sentiment identitaire musulman avait mal ressenti que la basilique transformée en mosquée par Mehmet II ait finalement cessé d'être une mosquée pour devenir un musée, c'est-à-dire un lieu religieusement neutre. D'où, en 1951, la décision du gouvernement Menderes de faire placer aux écoinçons de l'immense coupole d'énormes médaillons portant en caractères arabes les noms d'Allah, du Prophète et de califes, qui cachaient de manière regrettable une partie des mosaïques pour bien rappeler aux touristes occidentaux visitant Sainte-Sophie que l'ancienne église byzantine dont ils admiraient la splendeur avait aussi été une mosquée, et que même devenue musée elle restait irrévocablement sous la domination de l'islam.

Peu après, au soir du 6 septembre 1955, le même gouvernement avait en sous-main déchaîné dans les rues d'Istamboul, pour le temps d'une nuit de terreur, l'ancienne fureur antichrétienne des foules musulmanes. Les émeutiers, qu'on avait fait venir en train et en camion, avaient pour mission de s'attaquer aux quartiers où restait encore une assez importante population grecque, de confession chrétienne orthodoxe. Après des heures de pillages, d'incendies et de violences, tout fut arrêté par l'intervention de l'armée et l'instauration de la loi martiale.

Mais le pogrom de 1955, qui s'inscrivait dans la continuité du nettoyage ethnique entrepris dès avant la fin de l'empire ottoman, n'en a pas moins atteint son objectif : faire fuir presque tout ce qui restait alors de chrétiens dans la population d'Istamboul.

Dans la Turquie des années 1950, veiller à la pratique religieuse de la population était pour les pouvoirs publics un objectif prioritaire. À la périphérie d'Istamboul, dans les nouveaux quartiers en construction dominant le Bosphore et destinés à une bourgeoisie aisée, un œil occidental ne pouvait manquer d'être frappé par la position centrale et éminente donnée à d'imposantes mosquées toutes neuves dominant un espace urbain entièrement structuré autour d'elles.

Erdogan : la puissance de la Turquie par l'islam

Encouragé par le pouvoir, l'attachement majoritaire des Turcs à une identité construite autour de l'islam ne pouvait qu'être fatal à l'œuvre sécularisatrice d'Atatürk. D'où le retour du voile des femmes dans l'actuelle Turquie. D'où le rejet par une majorité d'électeurs turcs des hommes politiques fidèles à la poursuite d'un programme de gouvernement laïc. Un pouvoir politique ne se plaçant pas sous la bannière de l'islam ne peut qu'être perçu comme illégitime par la majorité sincèrement musulmane de l'électorat. Depuis près de vingt ans, les élections reconduisent au pouvoir des gouvernants proches du mouvement des Frères musulmans, qui se sont employés à reconstruire la mainmise de l'islam sur la société, même si les pays occidentaux ont longtemps préféré se rassurer en les qualifiant d'islamistes modérés[164].

Au pouvoir depuis 2002, le premier ministre Recep Tayyip Erdogan et son parti AKP ont travaillé obstinément à détruire l'œuvre sécularisatrice du créateur de la Turquie moderne. Maître de l'État en conséquence d'une alternance parlementaire conforme au modèle démocratique importé d'Occident, l'islamisme soi-disant modéré d'Erdogan a largement reconstruit l'emprise structurante de la religion musulmane sur la société. Tel est le choix politique de la majorité du corps électoral turc. Mais, ce faisant, l'État islamiste turc s'éloigne de plus en plus dans sa

---

164. ZEMMOUR (Éric), *Un quinquennat pour rien*, Paris, Éd. Albin Michel, 2016, p. 110-111.

pratique des règles de la démocratie libérale. Le pouvoir ne tolère aucune critique, et la prison guette les journalistes trop indépendants. De même, la référence incantatoire au caractère laïc de la Turquie devient de moins en moins crédible. La *charia* a été insidieusement réintroduite dans le droit privé. Après sa tentative de coup d'État en 2016 pour rétablir la laïcité kémaliste, l'armée a subi une répression impitoyable. Le modèle turc d'un pays musulman se prétendant démocratique et laïque a tourné de plus en plus à l'imposture[165].

Près d'un siècle après le coup d'éclat de Mustafa Kemal transformant en moins de quinze ans une société musulmane médiévale[166] en une nation moderne, la Turquie est en train de rentrer progressivement dans le rang, de se replacer petit à petit sous le joug de l'islam. L'État sécularisateur d'Atatürk, dominant la religion au lieu de la servir et rétrécissant son champ d'action, se renie et revient graduellement vers le modèle de l'État musulman classique, dont la mission est avant tout d'être le serviteur de l'islam,

---

165. Gozlan (Martine), *L'imposture turque*, Paris, Éd. Grasset, 2011.

166. Sourdel (Dominique et Janine), *op. cit.*, V° « Atatürk », p. 116.

à l'intérieur comme à l'extérieur. Prenant le contre-pied de la politique laïciste lancée par le fondateur de la Turquie moderne, l'État turc actuel travaille à reconstruire la mainmise de l'islam sur la société, qui est en conséquence de moins en moins sécularisée.

Pourtant, Erdogan poursuit en définitive le même objectif qu'Atatürk, dès lors qu'à sa manière il travaille lui aussi à rendre la Turquie puissante, en tenant compte de la situation du moment. À une époque où la supériorité du monde occidental sur un monde musulman attardé et numériquement faible s'imposait de manière éclatante, le seul moyen efficace pour un pays musulman comme la Turquie de devenir puissant était de se mettre à l'école des Européens. Et c'est ce qu'avait fait avec succès Atatürk, en soumettant son pays à un programme radical de sécularisation conforme au modèle européen. Or la situation est très différente aujourd'hui. À défaut de s'être vraiment développé, le monde musulman n'en a pas moins bénéficié de la science occidentale, en particulier dans le domaine médical, avec pour résultat un essor démographique qui le conduit à inonder de son surcroît humain une Europe occidentale ayant perdu son dynamisme démographique en même temps que toute fierté d'elle-même et toute volonté de faire prévaloir ses intérêts. Si bien que la Turquie, qui apparaît dans l'espace moyen-oriental et méditerranéen comme le seul État musulman véritablement solide et doté d'une armée vraiment efficace, voit désormais son intérêt dans un renforcement de son identité musulmane, afin de s'imposer dans cette aire comme la puissance prépondérante de l'islam sunnite, celle qui entend se placer à la tête de l'entreprise musulmane de conquête de l'Europe.

Pour le monde musulman, l'Europe n'est plus comme il y a un siècle un modèle de puissance à imiter, mais une proie riche et vulnérable dont la conquête semble à moyen terme assurée. Dès lors, l'islam turc peut se montrer tel qu'en lui-même. Les logiques de puissance de la Turquie ne la conduisent plus à s'astreindre à passer sous les fourches caudines d'une sécularisation contraire au génie de l'islam.

L'antinomie entre islam et sécularisation

L'exemple de la Turquie n'est que le plus emblématique d'un mouvement général de recul de la sécularisation dans tous les pays musulmans qui en avaient fait le choix sous l'influence de l'Occident.

En Tunisie, l'héritage des réformes d'inspiration laïcisante du juriste occidentalisé Bourguiba est remis en cause et menacé de disparition depuis la révolution de janvier 2011. L'attachement de la masse de la population à la tradition de l'islam est en conflit avec l'occidentalisation des mentalités et des modes de vie d'une bonne partie des élites urbaines. Mal perçue par les gouvernants islamistes démocratiquement élus, la sécularisation partielle caractérisant depuis un demi-siècle la société tunisienne semble à terme condamnée. Lorsque les éléments les plus islamistes de la population ont troublé gravement l'ordre public en terrorisant leurs concitoyens pour les contraindre à respecter strictement la *charia* dans toutes ses mesquineries, les islamistes placés par les urnes à la tête de l'État tunisien ont réagi bien timidement. Ce qui est logique, puisque ces violences étaient exercées au nom de l'islam pour éradiquer les restes d'une sécularisation qui contredit effectivement l'islam.

De la même manière, en Indonésie, la montée en puissance des courants islamistes radicaux a remis en cause la limitation de l'islam à la sphère privée. Les écoles coraniques se sont multipliées. Le voile islamique et la récitation du Coran à l'école n'ont cessé de se répandre. D'ailleurs, la sécularisation imposée à l'islam par l'État indonésien a été condamnée en 2005 par la plus haute autorité religieuse du pays, le Conseil des oulémas[167].

De fait, la séparation tranchée entre la vie sociale et la vie religieuse des individus qui caractérise une société sécularisée est en soi inadmissible pour un musulman. L'idée que la religion doive se limiter à la sphère privée contredit radicalement la non distinction coranique entre le culte musulman et les règles régissant la société. L'instauration de cette distinction « compromettrait l'existence même de l'islam comme religion »[168]. Concept inventé par les sociétés chrétiennes, la sécularisation est un terme traduit en arabe par *al'alamiyya*, c'est-à-dire « mondanisation », mot qui « connote l'acte de profaner le monde voulu par Dieu ». Bref, « mondaniser, c'est profaner la "religion de la vérité"

---

167. Sicard (Claude), *L'islam au risque de la démocratie*, Paris, Éd. François-Xavier de Guibert, 2011, p. 228-239.

168. Gardet (Louis), *L'Islam*, p. 299.

(suprême et définitive : *islâm dîn al-haqq)* »[169]. La sécularisation d'une société musulmane constitue la négation même de l'islam, dès lors que les normes juridiques régissant la société sont pour les musulmans des règles divines intangibles.

Si on brise cette inclusion du temporel dans le spirituel, on crée une autre religion. C'est à quoi tendent les efforts des « nouveaux penseurs de l'islam » présentés par Rachid Benzine[170]. Pour eux, « la *charia* n'est plus définie comme un code juridique ». Ils transforment la règle de droit en une « valeur éthique », si bien que, comme l'observe Olivier Roy, « la question de la compatibilité de la *charia* et du droit moderne ne se pose plus »[171]. Si ce mouvement aboutissait, il en résulterait une religion inédite : un islam dont les textes fondateurs seraient soumis à l'examen de la raison critique et donc désacralisés. Et surtout une religion combinant des valeurs musulmanes et une structure

---

169. RIVET (Daniel), « Aux origines de l'islam politique » *in Questions internationales*, n° 21, sept.-oct. 2006, p. 56.

170. BENZINE (Rachid), *Les nouveaux penseurs de l'Islam*, Paris, Éd. Albin Michel, 2006.

171. ROY (Olivier), *op. cit.*, p. 85.

chrétienne, laquelle séparerait radicalement le culte rendu à Allah d'avec le droit civil, commercial ou pénal. Cet islam hybridé pourrait être une religion au sens habituel du terme, ou bien s'acheminer vers une sorte de système de valeurs coupées de toute croyance orientée vers le divin. Là serait, pour les sociétés de tradition musulmane, la voie d'une sortie de la religion conforme au modèle de la chrétienté occidentale.

Cependant, une sortie de la religion se heurte au fait qu'en terre d'islam, « être musulman fait partie des conventions sociales et culturelles ». Cela fonde le « statut de l'islam dans l'espace public »[172]. Le respect obligé de ce conformisme empêche les manifestations ouvertes de scepticisme en matière religieuse ou les marques de désinvolture envers les obligations rituelles telles que les cinq prières quotidiennes, les interdits alimentaires ou le jeûne du mois de Ramadan. Certes, on peut être un musulman tiède, voire un libre-penseur discret, mais à condition de ne pas trop le montrer. Cela préserve et même conforte l'image d'un peuple resté intégralement musulman.

---

172. CESARI (Jocelyne), *op. cit.*, p. 73, 189.

Les sociétés islamiques sont profondément holistes. Elles sont fondées « sur la primauté de la collectivité et non, comme l'Occident, sur celle de l'individu »[173]. D'ailleurs Louis Dumont a effectué un parallèle entre les sociétés égalitaires mais holistes de la Grèce antique et le monde islamique, en partant du cas des sociétés musulmanes du Moyen-Orient, qu'il pense pouvoir qualifier d'« égalitaires mais non individualistes »[174].

Le réformisme de l'islam contre la sécularisation

L'idée de séparation du spirituel et du temporel a fait l'objet d'un rejet radical de la part du célèbre courant de pensée de la fin du XIXe et du début du XXe siècle connu sous le nom de réformisme. Il s'agissait d'un mouvement de pensée né du traumatisme ressenti par le monde musulman à un moment où il se trouvait presque entier, de manière directe ou indirecte, sous la dépendance des puissances européennes.

---

173. Delacampagne (Christian), *Islam et Occident*, Paris, PUF, 2003, p. 65.

174. Dumont (Louis), *Homo aequalis I*, Paris, Éd. du Seuil, 1981, p. 237.

L'un des représentants majeurs du réformisme fut Rashid Rida (1865-1935), né près de Tripoli d'une famille qui prétendait descendre de Mahomet, et dont la pensée est révélatrice « du trouble qu'avaient causé, dans le monde islamique, les manières laïcistes de la Turquie kémaliste »[175]. L'un des principaux penseurs de l'islam moderne, Rida jugeait la séparation du spirituel et du temporel étrangère aux enseignements de l'islam, même s'il prônait dans la pratique « un partage des fonctions » qui équivalait à une telle séparation. Scandalisés par l'idée que quelque chose pût être dû à César, les réformistes interprétaient la formule « comme si elle signifiait qu'on devait abandonner à César un pouvoir dont le seul détenteur légitime est Dieu »[176].

De fait, il existe dans le Coran, comme l'observe Rémi Brague, « l'idée d'un pouvoir politique exercé par Allah lui-même », au moyen de l'autorité exercée par Mahomet. De cette manière, « la toute-puissance d'Allah est explicitement située "sur terre" ». Le Coran prévoit l'islam « comme l'installation du règne terrestre » de la volonté divine, « grâce à

---

175. Sourdel (Dominique et Janine), *op. cit.*, V° « Ridâ (Rashîd) », p. 710-711.

176. Brague (Rémi), *La loi de Dieu*, p. 305.

l'obéissance qui est due au Prophète ». Résister à celui-ci, c'est « vouloir "réduire [Allah] à l'impuissance sur la terre" ». Pour le Coran, « la toute-puissance divine se réalise ainsi à travers un règne terrestre qui légitime l'usage de la force »[177]. Mahomet prétendit faire respecter sur terre la toute-puissance d'Allah en brisant tout ce qui résistait à l'action qu'il menait en son nom. Mahomet ne se présentait pas comme un chef politique ayant sa propre légitimité, mais comme l'envoyé de Dieu, lequel régnait sur terre à travers lui. Dans une telle configuration, rien ne peut être à César puisque tout est à Dieu. Point d'appui du long processus de construction de la sécularisation en terre de chrétienté, le thème chrétien du « Rendez à César ce qui est à César » – que venait d'adopter Atatürk au bénéfice de l'État moderne qu'il fondait – était totalement étranger aux conceptions fondatrices de l'islam. Et les réformateurs en avaient pris acte.

Au total, le réformisme, par-delà les « quelques apports étrangers le plus souvent superficiels » qu'il acceptait dans le domaine des sciences et des techniques, a eu « pour but, non de "réformer" l'islam, mais de le

177. *Ibid.*, p. 99, 101.

faire "revenir à sa forme originelle" ». Là était pour les réformistes « le seul moyen qui permît de renforcer le monde musulman et de le mettre en mesure de se défendre contre les influences nocives de l'Occident ». Cette doctrine « valut à ce mouvement de retour aux sources son nom de *salafiya*, "retour à la tradition des ancêtres" ou *salaf* ». L'ambition des réformistes était de refonder par un retour à l'islam des origines « la légitimité du double empire, temporel et spirituel, sur lequel avait été bâti le triomphalisme propre aux musulmans ». Refusant toute tentative de discussion ou de réinterprétation « des bases scripturaires et traditionnelles » de l'islam, « considérées comme intangibles », le réformisme fut une « réaffirmation de la valeur intrinsèque de l'islam en tant que Loi révélée faite pour régir à ce titre, de façon parfaite, tous les aspects de l'existence individuelle et communautaire »[178]. Bref, les fameux penseurs réformistes de l'islam au tournant des XIXe et XXe siècles – les al-Afghâni, les Muhammad Abdhu, les Rashid Rida – n'ont pas été autre chose que ce que l'on appelle aujourd'hui des islamistes.

---

178. Sourdel (Dominique et Janine), *op. cit.*, V° « Réformisme », p. 704-707.

L'IMPOSSIBLE SORTIE DE LA RELIGION DU MONDE MUSULMAN

On ne saurait trop insister sur l'importance pour l'histoire de l'humanité de la parole du Christ proclamant que son royaume n'est pas de ce monde, avec pour conséquence une désacralisation chrétienne du monde ainsi que de tout ordre terrestre. Pour le christianisme, le royaume de Dieu étant aux cieux, il est pervers de prétendre l'instaurer sur la terre. Cela a préservé la chrétienté du projet de construire une société parfaite, qui se trouve à la base de tous les totalitarismes. Au contraire, pour l'islam, le royaume de Dieu peut et doit être recherché sur la terre où il a déjà existé sous la forme d'une cité parfaite : la ville de Médine gouvernée par Mahomet. Tandis que le christianisme a apporté une autonomisation de l'ordre terrestre par rapport au divin, il y a dans l'imaginaire politique de l'islam la croyance en un ordre terrestre sacré : l'ordre terrestre fixé par le Coran. Pour instaurer à nouveau la cité de Dieu sur la terre, le moyen est d'appliquer scrupuleusement la loi divine, de revenir à l'islam des origines, à la tradition des ancêtres (*salaf*).

L'islam préservé de toute contestation par la peur

L'islam fait peur, et c'est au premier chef aux musulmans qu'il fait peur. Sauf rarissimes exceptions, des intellectuels d'origine musulmane n'ont pas osé se dresser ouvertement contre l'islam. C'est trop dangereux d'être un mauvais musulman, et pire encore un impie. En vertu d'un droit pénal d'origine prétendument divine et à ce titre intangible, on ne peut, sans risquer sa vie, rejeter l'islam et encore moins l'insulter, comme l'ont fait tant d'Européens avec les dogmes et les rites chrétiens. Une mécanique répressive de nature terroriste protège l'islam contre la liberté de l'esprit.

Grâce à la protection de cette mécanique terrorisante rendant impossible toute liberté de pensée, les sociétés musulmanes n'ont pas connu la grande révolte contre la domination de la religion qui a caractérisé les sociétés chrétiennes de l'Europe. L'islam est resté indemne de toute contestation interne, car il en est préservé par la peur. Cette peur fait partie intégrante de l'islam : il n'est pas possible d'en rendre responsable le seul islamisme, en affectant de voir en lui une maladie de l'islam.

Le refus par l'islam de la liberté de pensée

Même dans les pays musulmans réputés les plus proches du modèle de la démocratie à l'occidentale, tout ce qui touche à la liberté de pensée reste un sujet brûlant. Même chez les musulmans les plus libéraux, la liberté de penser et d'exprimer sa pensée pose problème[179].

Il faut dire que la notion même de droits de l'homme est, dans son principe, inacceptable pour l'islam. En 1978, le grand iman d'Égypte et cheikh d'Al-Azhar, Abdel-Halim Mahmoud, avait déclaré : « Les droits de l'homme sont une invention humaine, alors que les préceptes islamiques sont d'origine

---

179. Iribarne (Philippe, d'), *L'islam devant la démocratie*, p. 126-128.

divine et possèdent donc la primauté. »[180]

Pourtant, cherchant à améliorer son image au niveau international, l'islam s'est doté d'une prétendue *Déclaration islamique universelle des droits de l'homme*. À cette fin, un certain Conseil islamique pour l'Europe, organisme privé créé en 1973 et ayant son siège à Londres, s'est réuni à Paris en septembre 1981 dans une salle de l'UNESCO pour y proclamer cette fameuse déclaration. Mais celle-ci n'est qu'une « parodie »[181], dès lors qu'elle revendique explicitement son inspiration par le Coran et la *Sunna*. Niant l'évidence, le préambule de la *Déclaration* de 1981 affirme que, voici quatorze siècles, l'islam a donné à l'humanité « un code idéal des droits de l'homme ». Bien loin de reconnaître la liberté de pensée et d'expression de la pensée, ce texte plein d'autosatisfaction subordonne l'exercice de la raison à « la lumière de la révélation de Dieu ».

Le même refus de la liberté de pensée et d'expression se retrouvera dans la *Déclaration sur les droits de l'homme en islam*, adoptée au Caire en 1990 par l'Organisation de la coopé-

---

180. PÉRONCEL-HUGOZ (Jean-Pierre), *op. cit.*, p. 97.
181. DELCAMBRE (Anne-Marie), *op. cit.*, p. 108.

ration islamique (OIC), regroupant 57 États se réclamant de l'islam. Ce texte interdit notamment d'exprimer toute opinion qui serait « en contradiction avec les principes de la *charia* ».

Dans la mesure où l'islam paraît accepter la liberté de pensée, c'est de manière factice, en marquant bien que la raison humaine ne peut s'exercer de manière légitime qu'en restant à l'intérieur du cadre qui lui a été fixé par la loi divine, et donc en faisant preuve d'une profonde déférence envers toutes les prescriptions et interdictions qui y figurent. Les droits de l'homme selon l'islam excluent la liberté de penser librement et de communiquer sa pensée. Fondamentalement, l'incompatibilité entre l'islam et les sociétés européennes se situe au niveau de la liberté de l'esprit.

Pour l'islam, la liberté de religion qui a cours en Europe n'est « pas un bien en soi », comme l'a expliqué le très médiatique propagandiste islamique Tariq Ramadan. Elle n'est un bien que de manière temporaire, du fait qu'elle « permet la pratique et la consolidation de l'islam »[182]. Du fait qu'elle facilite

182. Cité par Ivan Rioufol, *De l'urgence d'être réactionnaire*, Paris, PUF, 2012, p. 398.

grandement l'installation de l'islam et son entreprise de conquête. Mais une fois maître du pouvoir, l'islam affirmerait son exclusivité, soit de manière radicale comme dans les nombreux pays musulmans où la simple existence d'églises chrétiennes est interdite, soit en tolérant la présence d'autres religions à condition que les non-musulmans se trouvent en position d'infériorité et d'humiliation, soumis à une foule de tracasseries ou même de persécutions.

Déjà, maintenant qu'il est très implanté en Europe et un peu aux États-Unis, l'islam prétend imposer aux Occidentaux sa règle d'interdiction de la liberté de pensée et d'expression. Car l'islam ne se borne pas à maintenir les musulmans dans le droit chemin, il travaille à empêcher toute critique venant des non-musulmans. La *charia* leur enjoint de parler de l'islam avec respect et leur interdit tout propos pouvant offenser les musulmans. Lourde de menaces, cette injonction s'adressait jadis en terre d'islam aux *dhimmis,* aux chrétiens et aux juifs tolérés dans le monde islamique sur le mode de l'infériorité juridique et de l'humiliation. Il y a des *hadiths* vengeurs dirigés contre eux au cas où ils s'y risqueraient. C'est dans ce même esprit que l'islam prétend aujourd'hui, en Occident, intimider les pouvoirs publics, les médias et les intellectuels. Par la peur qu'il inspire, entretenue régulièrement par de nouveaux assassinats ou massacres, il les contraint souvent à une forte autocensure afin de ne pas offusquer les musulmans. C'est surtout à propos des caricatures de Mahomet que l'islam prétend étendre aux Occidentaux l'interdiction de porter sur lui un regard critique, et cela en employant l'arme de la violence. L'islam revendique en Europe le statut privilégié de vérité intouchable, protégée contre toute critique, toute contestation.

Dans cet esprit de soumission, la municipalité d'Oxford avait renoncé il y a quelques années à l'emploi du mot Noël dans les documents émanant d'elle pour ne pas irriter les musulmans en nommant une fête chrétienne. Ce faisant, les Occidentaux se comportent en *dhimmis*, en inférieurs qui s'inclinent devant la supériorité de l'islam. D'où, chez les musulmans, un grand sentiment de puissance alimenté par la lâcheté des Européens. Face à cette entreprise musulmane de destruction d'une liberté d'expression en matière religieuse proclamée depuis plus de deux siècles, les Occidentaux ont le choix entre se soumettre ou bien se battre afin de reconquérir une liberté qui paraissait définitivement acquise[183].

L'islam préservé de l'esprit critique par la crainte d'être tué

Fondamentalement, si l'islam est resté indemne de toute contestation sérieuse venue du monde musulman, c'est qu'il en est protégé par la menace d'un châtiment terrible qui est souvent la mort. Sauf rarissime exception, des intellectuels d'origine musulmane n'ont pas osé se dresser ouvertement contre l'islam. L'aventure eût été trop périlleuse. Le Coran[184] et plusieurs *hadiths* frappent les coupables d'apostasie – d'abandon de l'islam – de sanctions pouvant aller jusqu'à la mort. Or le musulman qui refuse de s'acquitter de l'obligation légale de la prière est considéré comme un apostat et donc passible de la mort[185]. On

183. Tribalat (Michèle), *Assimilation. La fin du modèle français*, Paris, Éd. du Toucan, 2013, p. 220-226.

184. Coran, 16, 108.

185. Sourdel (Dominique et Janine), *op. cit.*, V° « Peines légales », p. 660.

ne peut, sans risquer sa vie, rejeter l'islam et encore moins l'insulter, à l'instar de ce qu'ont fait tant de personnes d'origine catholique avec les dogmes et les rites de leur religion de naissance. Une personne appartenant au monde musulman ne peut hurler publiquement sa haine et son mépris pour Allah, le Coran ou Mahomet. Une mécanique répressive de nature terroriste verrouille l'islam, le protégeant contre la liberté de l'esprit. Grâce à cela, les sociétés musulmanes n'ont pas connu la grande révolte contre la domination de la religion qui a caractérisé les sociétés chrétiennes de l'Europe.

L'Europe a inventé la sécularisation du politique et de la société, la pensée scientifique moderne, l'esprit critique et la liberté de l'esprit. Cela l'a conduite à traiter sans ménagement sa propre religion, le christianisme. L'apostat Voltaire a pu impunément railler et ridiculiser la Bible, les Évangiles, Yahveh, Jésus, la Vierge, le dogme trinitaire, depuis son château de Ferney où fréquentait toute la grande aristocratie de l'Europe chrétienne. Il n'y a jamais eu contre Voltaire, Diderot ou le très athée baron d'Holbach, l'équivalent de la *fatwa* de mort lancée contre Salman Rushdie pour avoir publié un roman jugé blasphématoire envers Mahomet. Soit une audace bien timide au regard des écrits de Voltaire exposant que la vierge Marie était une fille légère et Jésus le bâtard d'un soldat. Pourtant, Voltaire ne fut pas inquiété. Le grand mouvement de sécularisation de l'Europe était bien trop avancé, et les textes fondateurs du christianisme n'avaient d'ailleurs pas prévu la mise à mort des apostats. En revanche, l'islam n'a pas eu son Voltaire ni son curé Meslier – qui vomissait le catholicisme –, ni l'équivalent de tous ces anticatholiques haineux du XIXe siècle et du début du XXe siècle, lesquels sont à l'origine de la laïcité française. Or cela aurait permis à l'islam de devenir une religion compatible avec une société sécularisée.

On objectera que la liberté de pensée et d'expression n'était pas davantage admise dans la tradition catholique. Mais l'immense différence est que le catholicisme étant une religion exclusivement tournée vers des finalités spirituelles, vers le salut des âmes, l'Église n'a jamais directement puni l'impiété et l'irréligion par des sanctions terrestres. Elle a laissé l'État le faire à son service. Or, du jour où l'État s'est affranchi de l'Église et s'est laïcisé, il a cessé de punir les impies et les blasphémateurs. Et comme l'Église n'avait ni la légitimité, ni les moyens, ni même la volonté de leur infliger des peines autres que spirituelles, ils ont cessé d'être punis. L'Église a dû se plier au principe de la disjonction du politique et du religieux, dont l'origine remonte d'ailleurs, on ne saurait trop le rappeler, à l'injonction évangélique de donner à Dieu et à l'État ce qui leur est respectivement dû. À partir du moment où l'État a posé le principe de la liberté d'expression, les catholiques français ont dû souffrir que leur religion soit ridiculisée et offensée par des caricatures féroces, mais ne contrevenant pas aux lois sur la liberté de la presse. Il n'y a pas eu de la part des autorités catholiques d'appel au meurtre contre les caricaturistes impies pour les punir de leur blasphème, et aucun chrétien n'est venu les assassiner.

Il en est tout autrement pour l'islam. Celui-ci n'a pas eu besoin de l'État pour édicter des règles de droit pénal punissant les impies, car ses textes saints contiennent, comme on l'a vu, tout un code de droit, à commencer par le domaine pénal. Or, si la loi pénale musulmane a été le plus souvent appliquée par le juge (*cadi*), elle peut sembler dans certains cas inviter tout croyant à punir le criminel. Et il y a des *hadiths* meurtriers contre les mauvais musulmans : « Quand un musulman renie sa religion, tuez-le. » Tandis que d'autres *hadiths*, on l'a dit, sont dirigés contre les infidèles qui oseraient manquer de respect envers l'islam et tenir des propos offensant les musulmans. Certes, les juristes insistent volontiers sur le fait que seule l'autorité musulmane est habilitée à punir les criminels. Mais les gens du commun, peu familiers des subtilités du *fiqh*, peuvent aisément se sentir investis de la mission de châtier le coupable. D'ailleurs, il suffit d'une *fatwa* de mort prononcée par un juriste pour que tout un chacun puisse tuer de manière licite celui ou ceux qui en sont l'objet. Et il y a dans l'islam une tradition d'action directe contre les coupables de crime contre la religion puisque, on y reviendra, Mahomet a plusieurs fois incité ses fidèles à tuer ceux qui osaient contester et moquer sa qualité d'envoyé de Dieu.

Grâce à l'arme de la loi pénale prétendument divine dont il est porteur, l'islam s'est dès le départ protégé contre toute remise en cause en menaçant de mort ceux qui se risqueraient à le contester. L'islam s'est verrouillé par la peur contre toute critique, en inspirant à ses dissidents et détracteurs la crainte d'être tué. Et tout cela ne peut pas être mis sur le compte d'un islamisme qui serait radicalement différent de l'islam.

L'identité de nature entre islam et islamisme

Tous les musulmans, et bien loin de là, ne sont pas des islamistes. Et tous les islamistes ne sont pas des terroristes en puissance, beaucoup d'entre eux ne souhaitant pas le recours à la violence. Il n'en reste pas moins qu'ils diffusent une lecture littérale des textes saints qui est favorable à l'explosion de la terreur djihadiste. Les lignes de démarcation que l'on prétend tracer entre islam, islamisme quiétiste (ou piétiste) et islamisme violent sont très largement une fiction.

C'est une distinction « assez mal fondée » que d'essayer d'opposer l'islam, « présenté comme la religion légitime, pacifique, tolérante et qui mérite le respect de tous », à l'islamisme qui en serait « une forme dévoyée, une imposture évidemment illégitime ». D'ailleurs, dans la langue arabe, « il est impossible de distinguer "islamique" (relatif à l'islam) d'"islamiste" (relatif à l'islamisme) »[186].

La réalité est qu'il n'y a jamais eu entre l'islam et l'islamisme « cette frontière étanche qu'ont inventée, pour dormir tranquillement, les "belles âmes" occidentales ». Il faut que les Occidentaux cessent de se rassurer de l'idée fausse selon laquelle l'islamisme serait « une maladie de l'islam, une variété pathologique d'islam que la majorité des musulmans rejetteraient ». Alors que l'islamisme « n'est autre que l'expression d'une volonté de retour aux principes fondamentaux de l'islam, et qu'en ce sens il ne peut être ouvertement désapprouvé par aucun musulman pieux ou simplement conformiste ». Pour une grande partie des masses musulmanes, « les "vraies valeurs" restent les valeurs de l'islam ». Et le programme politique et social des islamistes, centré sur le rétablissement de la *charia*, constitue à leurs yeux « le meilleur programme envisageable »[187].

Ce qu'on appelle islamisme, intégrisme ou islam politique n'est pas un dévoiement de l'islam. C'est tout simplement une « application

186. CANDIARD (Adrien), *op. cit.*, p. 37-38.

187. DELACAMPAGNE (Christian), *op. cit.*, p. 46, 125, 129, 130.

intégrale et rigide de l'islam des textes, laquelle est demandée par une partie du peuple, y compris la jeunesse »[188]. Certes, il y a une différence entre l'islam et l'islamisme, reconnaît Rémi Brague, mais il y voit une différence de degré plus que de nature : « L'islamisme est l'islam pressé, bruyant, brouillon ; l'islam est un islamisme patient, discret, méthodique. »[189]

La violence inhérente à l'islam

Du fait que Mahomet fut un chef de guerre, la violence figure parmi les principes fondamentaux de l'islam. C'est pourquoi l'objectif de revenir au respect de la loi divine est toujours susceptible de déboucher sur l'usage de la violence, qu'il est dès lors bien difficile à un musulman cohérent de condamner sincèrement. Même si elle est loin d'être son seul visage, la violence est un des visages authentiques de l'islam, car elle est inscrite dans ses textes fondateurs et se trouve présente dans le modèle offert par Mahomet. « Si certains musulmans s'autorisent à "liquider"

---

188. Delcambre (Anne-Marie), *op. cit.*, p. 125.
189. Brague (Rémi), *Le Figaro*, 31 oct.-1er novembre 2020, p. 20.

les impies, c'est que non seulement le Coran a des versets extrêmement durs pour les ennemis d'Allah, mais le Prophète lui-même a montré l'exemple en incitant parfois ses partisans à commettre des assassinats pour le bien de la communauté. »[190]

Ceux qui affirment que la violence djihadiste trahit le véritable islam le font au nom d'une certaine lecture du Coran, à laquelle on peut opposer une autre lecture tout aussi fondée, voire davantage, qui légitime cette violence. Bien souvent, les citations sont tronquées pour donner le sentiment d'un islam fondamentalement pacifique. Quand, après un attentat djihadiste, des musulmans affirment que de telles tueries sont condamnées par le Coran, ils citent souvent un fragment – « ne tuez pas la vie qu'Allah a déclarée sacrée » –, en omettant le début de la phrase qui indique qu'il y a des cas où on est en droit de tuer, ainsi que la suite du verset où il est dit que si quelqu'un a été tué injustement, ses proches sont autorisés à le venger[191]. Si bien que les auteurs des attentats, qui ont le sentiment de venger les leurs, sont convaincus

---

190. Delcambre (Anne-Marie), *op. cit.*, p. 18.
191. Coran, XVII, 33.

d'être dans leur bon droit. De même, quand on invoque un verset coranique interdisant de tuer des innocents, on se garde de dire qu'en droit coranique, celui qui a pris connaissance de la religion musulmane et ne s'est pas converti est un coupable : il est coupable d'infidélité[192].

Lorsque, en 1981, dans l'Égypte de Sadate, le cheick Zacharia El-Berri, ministre d'État aux biens religieux (*wakfs*) et président du Conseil suprême égyptien des affaires islamiques, ayant convoqué la presse étrangère à l'occasion de la sortie de son ouvrage sur les droits de l'homme en islam, déclarait benoîtement que l'assassinat du musulman qui se convertit à une autre religion « ne va pas à l'encontre de la liberté de religion », il n'avait pas conscience de parler en extrémiste ou en islamiste, mais simplement en bon musulman[193].

Autant il est aisé de condamner au nom de l'Évangile les violences provoquées ou cautionnées par la religion chrétienne à travers l'histoire, autant il n'est guère possible de condamner au nom des textes saints de

---

192. Urvoy (Marie-Thérèse), « *Quid* d'un islam libéral ? », *Valeurs actuelles*, 10 décembre 2015, p. 87.

193. Péroncel-Hugoz (Jean-Pierre), *op. cit.*, p. 86, 157.

l'islam la violence djihadiste. Quand elle est déplorée ou réprouvée par une personne se considérant comme musulmane, cela peut s'expliquer par une foule de raisons : un caractère pacifique et bienveillant, un sentiment de compassion pour les victimes, le goût de l'ordre et de la tranquillité, un loyalisme envers le pays d'accueil, l'idée que cette violence nuit à l'image de l'islam, le mécontentement des pertes d'argent causées par un terrorisme qui fait fuir la clientèle et nuit aux affaires, etc. Sans compter que cette personne peut, sans en avoir pleinement conscience, avoir pris une certaine distance avec les principes fondamentaux de l'islam. En revanche, un musulman ne peut condamner cette violence de manière crédible au nom de la loi divine dès lors que l'invitation à la violence y est expressément et abondamment inscrite.

La condamnation de la violence exercée au nom de l'islam est porteuse, qu'on le veuille ou non, d'un certain désaveu de Mahomet et du Coran. C'est pourquoi la plupart des musulmans sont généralement si réticents à prononcer une telle condamnation et, quand ils le font, se montrent si mal à l'aise.

Ainsi, tout en réprouvant les massacres commis à Paris en janvier et en novembre

2015, le Conseil français du culte musulman (CFCM) s'était bien gardé de mentionner que cette violence se réclamait du Coran : son appel solennel du 20 novembre 2015 s'était borné à affirmer que ces assassinats étaient « la négation même des valeurs de paix et de fraternité que porte l'islam ». L'objectif du CFCM était d'exonérer l'islam de toute responsabilité dans la violence djihadiste, ce qui est un déni de réalité.

Plus d'islam, ou moins d'islam

On ne saurait trop insister sur le caractère mensonger de la thèse lénifiante d'une différence de nature entre l'islam et l'islamisme. Il n'y a entre eux qu'une différence de degré dans la prise en compte des obligations posées par les textes saints. Comme le souligne le grand écrivain algérien Boualem Sansal, « si différence il y a entre le musulman et l'islamiste, elle est dans le degré de radicalité qu'ils mettent à appliquer les préceptes coraniques, à défendre l'islam et son prophète, à œuvrer à l'expansion de l'islam, etc. »[194]. Il n'y a pas d'islam radical ni d'islam modéré, il y a l'islam, et certains le pratiquent de manière plus radicale, d'autres de manière plus modérée ou même distanciée. Cela veut dire concrètement : plus d'islam ou moins d'islam.

Lorsque, pour se moderniser, la Turquie d'Atatürk a remplacé le droit coranique appliqué par des tribunaux religieux par des codes d'inspiration européenne appliqués par des juridictions laïques, a imposé le mariage civil et prohibé la polygamie, a interdit le port du voile et celui du fez, a adopté les caractères latins et a mis fin au système de la religion d'État tout en maintenant le culte musulman, cela signifiait moins d'islam.

Lorsque l'objectif est d'éliminer au maximum les apports occidentaux dans le domaine des mœurs, des institutions et du droit, et que l'on vise à réintroduire un maximum de *charia* dans le contenu des lois et des règlements, dans la vie familiale, sociale et politique, cela signifie plus d'islam.

Inspiré par une volonté de retour à la foi des ancêtres (*salaf*) qui correspond à la doctrine des Frères musulmans, le salafisme

---

194. *Valeurs actuelles*, 15 octobre 2017.

est tout bonnement la revendication de plus d'islam. Ce qu'on appelle l'islamisme, c'est simplement davantage d'islam. Quand le terrorisme islamiste tue, c'est au nom de ce désir de plus d'islam, et donc au nom de l'islam.

Selon une formule bien connue, tous les musulmans ne sont pas islamistes, mais tous les islamistes sont musulmans[195]. Même si ceux qui adoptent une lecture radicale et meurtrière de leurs textes saints ne sont qu'une minorité, ils ne trahissent pas pour autant l'islam, ils entendent lui obéir de manière plus complète. Et les islamistes violents peuvent raisonnablement se considérer comme de meilleurs musulmans que les autres, dès lors que l'on peut lire dans le Coran : « Et Allah a mis les combattants au-dessus des non-combattants en leur attribuant une rétribution immense. »[196] Les islamistes veulent plus d'islam et ceux d'entre eux qui tuent et risquent leur vie pour cette cause se trouvent, dans une logique islamique, placés très au-dessus des musulmans modérés, tièdes ou occidentalisés, qui se satisfont de moins d'islam.

---

195. Brague (Rémi), *Le Figaro*, 28-29 nov. 2015.
196. Coran, 4, 95.

L'islam préservé de toute contestation par la peur

La demande de plus d'islam de la part de la majorité des populations des pays musulmans a pour conséquence que des élections libres y entraînent mécaniquement l'arrivée au pouvoir de dirigeants islamistes. D'où une lourde hypothèque sur les chances d'une acclimatation durable de la démocratie en terre d'islam. Car la démocratie n'est pas partie intégrante de la tradition musulmane. Elle est commode aux islamistes pour arriver au pouvoir, mais elle ne constitue pas pour eux un but en soi. On connaît la fameuse petite phrase du premier ministre turc Recep Tayyip Erdogan, chef du parti islamiste AKP, qui comparait la démocratie à un autobus, dont on descend une fois arrivé là où on voulait aller. Là où on veut aller, c'est vers l'islamisation. Tant que la liberté des élections peut y contribuer, elle est utile. Mais la démocratie serait rejetée sans état d'âme si elle devenait un obstacle à la domination de l'islam sur la société.

Un magnifique exemple du choix courageux de certains musulmans pour moins d'islam nous a été donné à la suite des massacres qui ont ensanglanté Paris en novembre 2015.

Sur une grande chaîne de télévision[197], un homme menacé de mort par l'État islamique a défié « les yeux dans les yeux » les djihadistes de France, les accusant de salir la religion musulmane, qu'il affirmait être « une religion de paix et de miséricorde ». Il leur a reproché d'être des « ingrats » ayant renié leur patrie, leur pays qui les a nourris et dont l'école les a accueillis. Et il a déclaré solennellement : « Nous, musulmans de France, dans notre majorité écrasante [...] notre allégeance citoyenne, patriotique, elle va vers notre nation : la France. »[198] Il y a indiscutablement là un magnifique et émouvant témoignage de loyalisme envers la France et un effort très important pour mettre en avant dans l'islam les valeurs d'humanité au détriment des appels à la violence. Surtout, l'auteur de ces paroles – comme un certain nombre d'autres musulmans usant librement de leur intelligence – ramène par ailleurs explicitement les passages violents du Coran à un contexte historique donné, afin de leur ôter leur autorité absolue. Il procède ainsi à une critique historique du Coran. C'est capital,

197. BFM TV, émission de Ruth Elkrief.

198. https://www.youtube.com/watch,v=wzRbiZjard4

car il ne suffit pas d'affirmer, même de bonne foi, que l'islam est entièrement pacifique et doux pour qu'il le soit. Aussi bien l'entreprise est-elle périlleuse. L'affirmation de la raison a toujours été suspecte dans l'islam, ce qui a entraîné jadis la persécution de grands savants comme Avicenne et Averroès. Et le théologien soudanais moderniste Mahmoud Taha a été pendu pour avoir voulu différencier, dans le Coran, les versets appelant à la guerre ou au meurtre de ceux exhortant à la bienveillance[199].

Les musulmans qui veulent ne garder de l'islam que son visage paisible et clément, et qui affirment que c'est là le véritable islam, veulent en réalité moins d'islam, beaucoup moins d'islam. Le problème est qu'ils n'engagent dans cette démarche qu'eux-mêmes et le petit nombre de ceux qui pensent comme eux. L'islam n'en est pas modifié et la position de la grande majorité des musulmans non plus. Pour faire vraiment en sorte que l'islam devienne objectivement et exclusivement une religion de paix et de miséricorde, il faudrait pouvoir retrancher des textes saints les appels ou incitations à la violence

---

199. DELCAMBRE (Anne-Marie), *op. cit.*, p. 73, 74.

et à l'hostilité, ou du moins les accompagner d'un commentaire critique montrant leur caractère inacceptable. Or cela supposerait de renoncer à cette croyance essentielle de l'islam selon laquelle le Coran serait la parole même de Dieu. Pour que des musulmans se sentent vraiment le droit de toucher au Coran en le soumettant à une étude critique, il faudrait que fut admise de manière explicite et générale dans le monde musulman l'idée que « le Coran est un livre inspiré, mais non dicté en une "descente" (*tanzil*) concrète du ciel, et qu'il transmet un message purement spirituel et non une loi (*charia*) »[200]. Ce serait une immense révolution, aboutissant sous le nom inchangé d'islam à l'émergence d'une religion très différente de celle qui existe depuis plus d'un millénaire, rejetant la notion de législation d'origine divine et ne gardant que l'idée d'un homme libre de ses choix et responsable devant son créateur, accompagnée des seules valeurs de miséricorde et de paix. Tant que cette révolution – qui est celle à laquelle travaillent les intellectuels appelés les nouveaux penseurs de l'islam – n'aura pas été faite et acceptée par la grande majorité

200. Urvoy (Marie-Thérèse), *art. cit.*, p. 87.

des musulmans du monde entier, l'islam restera redoutable aussi bien aux pays européens qu'aux musulmans eux-mêmes.

Malheureusement, une telle révolution copernicienne de l'islam relève probablement du registre de l'utopie. En témoigne l'impuissance des gouvernements français successifs à faire naître en France un nouvel islam, un islam des Lumières respectueux des valeurs « républicaines ». D'ailleurs, toute entreprise de réforme de l'islam qui ne recevrait pas l'adhésion de la plus grande partie du monde musulman serait sans incidence réelle sur l'islam. Elle aboutirait seulement à la naissance d'une secte supplémentaire, dont la majorité des musulmans sunnites refuseraient d'admettre le caractère islamique.

Quant aux responsables musulmans qui, affectant d'ignorer la violence présente dans le Coran et dans certains *hadiths*, présentent l'islam comme une religion exclusivement pacifique et miséricordieuse, totalement compatible avec les valeurs du monde occidental, il est clair qu'il s'agit de leur part d'une « accommodation circonstancielle », justifiée au demeurant par « la *taqiyya* (dissimulation légale) »[201], le

201. *Ibid.*

mensonge étant permis aux musulmans pour tromper ceux qui risquent d'entraver l'œuvre conquérante de l'islam, en l'espèce les autorités, les médias et les opinions publiques européennes.

Radicalisation musulmane et radicalisation chrétienne

Radicalisé, se radicaliser, être en cours de radicalisation : jamais ces termes n'ont été aussi employés qu'aujourd'hui, et cela toujours en rapport avec l'islamisme. La dimension d'extrémisme ou d'intransigeance présente dans ces termes vient de ce qu'ils dérivent du mot *radical*, lequel qualifie ce qui tient à la racine d'une chose ou d'un être et qui est, de ce fait, profond, intense, absolu.

Ce lien avec l'idée de racine est à mettre en rapport avec le fait que, dans la radicalisation, le jusqu'au-boutisme est fondé sur un retour aux racines. Si un musulman radicalisé auteur d'un massacre a intériorisé de manière intransigeante une croyance le conduisant à tuer, c'est qu'il a trouvé la justification de son action dans les racines de sa religion, les textes saints de l'islam composés du Coran et de la *Sunna*. Celui qui se radicalise dans une religion revient aux racines de sa religion en se tournant vers ses textes fondateurs, et il va ensuite appliquer de manière absolue ce qui y est ordonné.

Ainsi, dans le phénomène de la radicalisation religieuse, c'est le fait d'être remonté aux racines qui donne l'absolue certitude permettant d'aller jusqu'au bout de la conduite tracée. Pour autant, la radicalisation n'est nullement le monopole de l'islam. Il y a des cas de radicalisation chrétienne, dont l'un des meilleurs exemples et le dernier en date qui soit connu du grand public est le sacrifice du lieutenant-colonel Arnaud Beltrame au supermarché de Trèbes.

Se radicaliser dans le christianisme, cela consiste à revenir à l'Évangile et à le prendre absolument au sérieux, à suivre passionnément l'enseignement de Jésus. Or c'est ce qu'a fait Arnaud Beltrame, dont un religieux de l'abbaye de Lagrasse témoigne de sa « véritable rencontre avec le Christ ». Poussé à l'extrême dans un processus de radicalisation, le christianisme fait naître l'amour absolu de Dieu d'où découle l'amour absolu de l'autre, allant jusqu'au don de sa vie pour lui. C'est cet amour de Dieu jusqu'au mépris de soi, selon la célèbre formule de saint Augustin, qui explique qu'Arnaud Beltrame ait donné sa vie pour sauver celle d'une inconnue.

Au total, la radicalisation musulmane et la radicalisation chrétienne produisent des résultats diamétralement opposés. Alors que le chrétien qui se radicalise ne trouve dans l'Évangile que des appels à aimer autrui jusqu'à se sacrifier pour lui, le musulman qui se radicalise peut trouver dans le Coran et dans la *Sunna* des incitations à tuer. Si bien que les assassinats commis au nom d'Allah apparaissent comme une sorte d'application du droit pénal musulman. Rien d'étonnant si les assassins qui ont, au cours des dernières années, abondamment frappé les pays occidentaux et particulièrement la France se considéraient comme des justiciers appliquant la loi de Dieu.

Dans une population musulmane importante, il y aura forcément un pourcentage de gens qui vont prendre la *charia* à la lettre et vouloir assassiner les infidèles et les blasphémateurs, comme c'est prescrit par certains passages du Coran ou comme le Prophète a plusieurs fois incité ses fidèles à le faire. Le possible assassinat pour punir la liberté de pensée ou autre forme d'impiété est un mal intrinsèque à l'islam. Et plus le nombre de musulmans est grand, plus augmente le risque que soient tués des gens perçus comme insultant l'islam, ou simplement ne respectant pas les interdits de l'islam. Ce fléau a longtemps été circonscrit au monde islamique, et la population algérienne, notamment, en a cruellement souffert dans les années 1990. Mais l'énorme augmentation du peuplement musulman sur le sol européen fait que l'Europe est maintenant directement concernée par le déchaînement de la violence islamique.

Les assassinats au nom de l'islam représentent un danger inhérent à une présence musulmane massive, et si la France est aujourd'hui aussi durement et fréquemment frappée par les attentats islamistes, c'est parce qu'avec les millions de musulmans vivant sur son sol, notre pays est devenu un pays à demi islamique.

L'Europe affaiblie par la soumission du politique à un néo-religieux suicidaire

Si la distinction entre le spirituel et le temporel a fait pendant des siècles le bonheur de l'Occident, son malheur actuel vient de ce que le pouvoir temporel s'y trouve soumis à la domination d'un nouveau pouvoir spirituel, fondé sur la foi dans les droits de l'homme[202]. Alors qu'ils avaient été inventés par l'Occident pour protéger ses citoyens contre les risques d'arbitraire du pouvoir, les droits de l'homme sont aujourd'hui une religion séculière suicidaire pour les pays d'Europe occidentale.

On sait que le terme de religion séculière a été forgé par le grand sociologue Raymond

---

202. Harouel (Jean-Louis), *Le vrai génie du christianisme*, p. 212-262. Iribarne (Philippe, d'), « L'autonomie perdue du pouvoir temporel », *Le Figaro*, 14-15 sept. 2019, p. 20.

Aron pour mettre en évidence la dimension religieuse de l'idéologie communiste, laquelle prétendait offrir à l'humanité, à l'horizon, le paradis sur la terre. Dans la définition qu'en a donnée Raymond Aron, une religion séculière est une doctrine qui prend la place de la religion et qui situe ici-bas le salut de l'humanité sous la forme d'un ordre à instituer[203]. L'existence des religions séculières résulte du fait que le recul des croyances et de la pratique religieuse chrétiennes en Europe occidentale n'a pas fait disparaître le sacré, mais seulement entraîné son déplacement. En effet, la propension à la religiosité de nombreux individus s'est largement reportée vers des formes sécularisées du sacré, sans que les intéressés soient toujours conscients de la nature religieuse de leur foi et de leur engagement idéologique ou militant[204]. C'est cette religiosité sécularisée qui alimente ce que l'on appelle

---

203. Aron (Raymond), *L'âge des empires et l'avenir de la France*, Paris, Éditions Défense de la France, 1945, p. 287-318.

204. Monnerot (Jules), *Sociologie du communisme*, Paris, Éd. du Trident, 2004 [1949], p. 184. Gauchet (Marcel), *Le religieux après la religion*, p. 57, 58, 62.

religion séculière ou religion politique[205].

Ces termes se sont d'abord appliqués aux grandes idéologies du XXe siècle, nazisme et communisme, qui tous deux dérivaient de vieilles hérésies chrétiennes – la gnose et le millénarisme – sécularisées et transformées en philosophies de l'histoire, avec pour aboutissement la promesse d'un salut collectif terrestre qui se substitue au projet de salut individuel céleste des chrétiens[206]. Mais ce sont aujourd'hui les droits de l'homme qui constituent la principale forme religieuse sécularisée de l'Europe occidentale[207].

Or, quand une religion séculière est au pouvoir, il n'y a pas en ce qui la concerne de disjonction du politique et du religieux. Le pouvoir temporel devient l'instrument de ce néo-spirituel. Le profane est englobé dans la forme inédite de sacré constituée par cette religion séculière. Cela a été le cas pour le communisme qui, tout en instaurant un athéisme officiel et en persécutant les religions, était

---

205. Voegelin (Eric), *Les religions politiques*, Paris, Éd. du Cerf, 1994 [1938].

206. Harouel (Jean-Louis), *Droite-gauche : ce n'est pas fini*, Paris, DDB, 2018, p. 13-116.

207. Il faut cependant y ajouter l'écologisme, qui lui aussi est une religion séculière d'État.

la religion d'État des pays où il régnait, travaillant à créer une dévotion envers son rêve éveillé de création d'une société parfaite. De même, dans l'Allemagne hitlérienne, même si les cultes chrétiens établis avaient été maintenus, la véritable sacralité résidait dans le national-socialisme lui-même, qui était à la fois système politique et religion politique. Et, aujourd'hui que, dans les pays d'Europe occidentale, c'est la religion séculière des droits de l'homme qui se trouve au pouvoir, elle n'est l'objet d'aucune séparation du temporel et du spirituel, d'aucune espèce de laïcité.

En conséquence, le pouvoir temporel ne dispose d'aucune autonomie vis-à-vis de ce néo-spirituel que sont les droits de l'homme. Il est entièrement soumis à cette religion séculière officielle. Or celle-ci est suicidaire pour l'Europe, ses peuples, sa civilisation. Il en résulte pour les pays d'Europe occidentale, et singulièrement pour la France, une vulnérabilité et un affaiblissement dont il semble bien que l'islam doive être le grand bénéficiaire.

Les droits de l'homme : un néo-spirituel

La sacralité des droits de l'homme a été soulignée au cours des récentes décennies par des auteurs majeurs qui ont parlé à leur propos de religion civile[208], de religion séculière[209], de religion d'État[210]. Officiellement au pouvoir dans le monde entier, mais de manière vraiment effective dans les seuls pays de civilisation occidentale, les droits de l'homme constituent une véritable religion séculière, que l'on peut appeler aussi la religion humanitaire[211].

La dimension religieuse des droits de l'homme a existé dès le départ. En les déclarant solennellement le 26 août 1789, les

---

208. Debray (Régis), *Que vive la République*, Paris, Éd. Odile Jacob, 1989, p. 173. Furet (François), *Inventaires du communisme*, Paris, Éd. EHESS, 2012, p. 68.

209. Wiesel (Élie), cité par Justine Lacroix, Jean-Yves Pranchère, *Le procès des droits de l'homme*, Paris, Éd. du Seuil, 2016, p. 23.

210. Carbonnier (Jean), *Droit et passion du droit sous la Ve République*, Paris, Éd. Flammarion, 2010 [1996], p. 120.

211. Besançon (Alain), « La religion en Amérique », *Commentaire*, n° 141, printemps 2013, p. 117.

constituants les ont qualifiés non seulement de naturels et d'inaliénables, mais encore de « sacrés ». Et la chose s'est faite sous l'égide du divin, « en présence et sous les auspices de l'Être suprême ». Pour les constituants, ces droits ne sont absolument pas une création humaine : chargés de transcendance, ils sont intangibles et préexistent de toute éternité, si bien que l'Assemblée ne les crée pas, elle les « reconnaît ». À quoi les députés formant la droite de la Constituante ont eu beau jeu d'objecter que les droits et libertés dont jouissent les citoyens de certains pays sont le produit de l'histoire particulière de ces pays. Ces députés ont, par exemple, souligné que l'égalité politique n'a rien de naturel, et que si certains hommes peuvent en jouir, c'est seulement grâce à leur appartenance à certaines civilisations qui l'ont instituée par la loi. Refusant l'utopie universaliste des droits de l'homme et sa religiosité, la droite de la Constituante n'a pas voulu considérer l'homme dans l'abstrait. S'inscrivant dans la tradition allant d'Aristote et saint Thomas jusqu'à Burke et à Joseph de Maistre, ces députés conservateurs ne connaissaient que l'homme en société, dont la commune appartenance à l'humanité se fait par le biais des groupes particuliers : familles, peuples, pays, nations.

Pour autant, le caractère religieux inhérent aux droits de l'homme est resté longtemps au second plan, du fait qu'ils n'étaient pas en mesure de s'affirmer comme une autorité dominante. Ils constituaient une sorte d'idéal mais ne s'imposaient pas en droit. Les droits de l'homme déclarés le 26 août 1789 relevaient du droit naturel, ils n'avaient pas en eux-mêmes de valeur juridique. Ce n'est que dans la mesure où le législateur s'inspirait d'eux qu'ils entraient dans le droit positif. La situation n'a changé qu'à partir du milieu du siècle dernier.

Le mécanisme par lequel les droits de l'homme sont devenus une religion séculière d'État au cours de la seconde moitié du xxe siècle a été analysé de manière lumineuse par un juriste réputé, le doyen Jean Carbonnier. Il y a eu, souligne-t-il, métamorphose de l'amour en droit et du droit en religion d'État. Un devoir d'amour de l'autre existait depuis le départ dans l'idée d'une fraternité humaine inhérente aux droits de l'homme, mais l'observation de ce devoir d'amour ne pouvait être exigée devant les tribunaux, si bien qu'il est longtemps resté de l'ordre de la morale individuelle. Or tout a changé après l'entrée en vigueur de la Convention européenne des droits de l'homme de 1950, centrée sur l'obsession de la non-discrimination. Ce devoir d'amour est devenu du droit, sous la forme d'une obligation juridique de non-discrimination sanctionnée par les tribunaux. Et c'est ce passage au droit qui, rendant obligatoire l'amour de l'autre, a fait de cet amour une religion séculière officielle dont le culte a pris à partir des années 1980 « un tour presque fanatique » et a manifesté « un certain penchant à l'intolérance »[212].

Leur mutation en une religion séculière établie a profondément changé l'esprit et le contenu des droits de l'homme par rapport à la manière dont on les avait pratiqués au XIXe et dans la première moitié du XXe siècle, où ils ne se concrétisaient guère que dans les libertés publiques des citoyens au sein des États-nations démocratiques. Longtemps, en effet, et en France particulièrement, l'idéologie totalement individualiste et cosmopolite inhérente aux droits de l'homme a été contrebalancée par leur ancrage dans une nation

212. CARBONNIER, *op. cit.*, p. 119-120.

particulière. Les droits de l'homme déclarés en 1789 sont également ceux du citoyen, ce qui fonde la légitimité des peuples, des patries, des nations. Mais il n'est plus question du citoyen dans la *Déclaration universelle* de 1948. C'est désormais exclusivement de l'homme en général qu'il s'agit, indépendamment des temps et des lieux. Le bien des peuples particuliers ne compte plus, seul doit être recherché celui de l'humanité tout entière.

C'est l'actuelle conception des droits de l'homme. Ne considérant plus comme légitime que l'individu et l'humanité, elle est porteuse de la négation des réalités intermédiaires : famille, cité, peuple, nation. Et elle est marquée par l'obsession de traquer toute forme de discrimination et par l'utilisation des droits subjectifs au service d'une satisfaction illimitée des revendications individuelles.

Ces deux conceptions sont désignées dans la langue anglaise par des termes différents : *rights of man* pour les droits de l'homme conçus comme libertés publiques ; *human rights* pour les droits de l'homme tels qu'ils se sont imposés dans le second XXe siècle[213].

---

213. Moyn (Samuel), *The Last Utopia. Human Rights in History*, The Belknap Press of Harvard, Cambridge, 2010, p. 4, 24-28.

À cela répond dans une certaine mesure en France la distinction entre d'une part les libertés publiques, centrées sur les seuls nationaux, et d'autre part ce que l'on appelle les droits fondamentaux – terme introduit dans les années 1970 –, dont le principal ressort est l'obsession de la non-discrimination.

Une religion séculière ayant pris le relais du communisme

Comme le communisme, la religion des droits de l'homme n'est qu'une des formes prises par la religion de l'humanité, vaste courant d'idées issu du rêve progressiste de Joachim de Flore, mystique du XIIe siècle dont la pensée avait opéré la symbiose du millénarisme et de la gnose. Dans la religion de l'humanité et dans tous les visages qu'elle a pris, c'est du millénarisme que vient la promesse d'un monde nouveau purifié de toutes les vieilles imperfections, et c'est de la gnose que découlent l'idée d'une divinisation de l'homme et celle d'une mécanique historiciste inexorable censée conduire à l'instauration de ce monde nouveau en broyant tout ce qui lui fait obstacle.

L'Europe affaiblie par la soumission du politique à un néo-religieux suicidaire

Durant les ultimes décennies du XXe siècle, tandis qu'expirait l'Union soviétique, les droits de l'homme ont pris la suite du communisme comme projet universel de salut, comme promesse du royaume de Dieu sur la terre. Nouvel avatar de la religion de l'humanité, la religion des droits de l'homme a remplacé le communisme dans son rôle d'utopie censée instaurer le règne du bien absolu. Seul le moyen a changé : ce n'est plus la suppression de toute propriété en vue d'une société sans classes, mais la négation de toute espèce de différence entre les humains pour faire naître un monde nouveau entièrement cosmopolite et fondé exclusivement sur les droits des individus. Avec la religion des droits de l'homme, la lutte des classes est remplacée par le combat contre les discriminations, mais au service du même objectif qui est l'émancipation de l'humanité par l'instauration de l'égalité. C'est toujours la même promesse d'un avenir radieux qui inspire tous les totalitarismes.

Il y a d'ailleurs une dimension communiste dans la religion séculière des droits de l'homme, du fait de l'idéologie immigrationniste qui en est une composante majeure. Hostile aux nations, aux peuples et aux familles et ne voulant connaître que des individus interchangeables aux droits identiques, la religion des droits de l'homme les invite à aller prendre les situations avantageuses là où elles se trouvent, au détriment des groupes humains qui ont édifié ces situations. La souveraineté d'un peuple a pour fondement le droit de propriété de ce peuple sur lui-même, sur son destin, son identité, son sol, son patrimoine matériel et spirituel. Or la religion des droits de l'homme détruit cette propriété, détruit l'idée de patrimoine d'un groupe humain, lui enjoint de le partager, de le mettre en commun. La religion des droits de l'homme est en cela du communisme : elle détruit la propriété particulière d'une nation sur elle-même, elle est d'essence collectiviste.

La continuité entre le communisme et l'utopie droits-de-l'hommiste n'a pas échappé aux militants révolutionnaires des pays d'Europe occidentale, laissés orphelins par l'implosion de l'Union soviétique et l'affaissement de la religion séculière communiste. Dès les années 1980, beaucoup d'entre eux se sont reconvertis dans la religion séculière des droits de l'homme, dans laquelle ils ont trouvé un moyen encore plus efficace d'œuvrer à la destruction du monde occidental détesté, une rénovation de la promesse révolutionnaire du Grand Soir[214].

C'est que la religion séculière des droits de l'homme est bien plus dangereuse encore pour l'Europe que ne le fut le communisme. Certes, celui-ci était en principe internationaliste, mais en pratique il avait besoin de garder le cadre national pour maîtriser une population, pour la martyriser afin de l'obliger à rentrer dans son utopie. Pour instaurer la dictature du prolétariat et entreprendre de fabriquer une société sans classes, il fallait un cadre territorial. Au contraire, l'objectif de la religion des droits de l'homme étant d'instituer l'égalité au niveau cosmique grâce à un ordre juridique mondial adéquat, cela passe par l'élimination des cadres territoriaux. Même si le communisme a martyrisé les populations qui étaient soumises à ses logiques tyranniques, du moins n'a-t-il pas détruit leur avenir en tant que peuples. Au contraire, avec son obsession immigrationniste, le totalitarisme d'un nouveau genre qu'est la religion des droits de l'homme travaille activement à anéantir les

---

214. GAUCHET (Marcel), « Les droits de l'homme ne sont pas une politique », *Le Débat*, 1980/3, n° 3, p. 6. TAGUIEFF (Pierre-André), *Les contre-réactionnaires*, Paris, Éd. Denoël, 2007, p. 559-563.

peuples européens, dont les institutions démocratiques ont été rendues inaptes à les protéger.

Un totalitarisme feutré ayant perverti la démocratie

La fonction de la démocratie est d'assurer à un peuple la maîtrise de son destin, de son territoire, de son identité, de son contenu humain, de ses grands choix de société. Or, sur tous ces points, si l'on met à part la Grande-Bretagne, il y a belle lurette que les peuples d'Europe occidentale ne sont plus en démocratie, à la notable exception du peuple helvétique.

De manière fallacieuse, ce que l'on baptise maintenant démocratie, c'est le règne de la religion séculière des droits de l'homme dont les diktats souvent délirants sont imposés aux peuples européens – via leurs élus et leurs gouvernants sans consistance – par la bureaucratie de Bruxelles et par les divers juges nationaux et supranationaux auto-investis d'une fonction prophétique leur permettant de « découvrir » sans cesse de nouveaux prétendus droits fondamentaux aux effets pro-catégoriels, destructeurs de ce qui reste de cohésion, de sécurité des personnes et des biens, et de valeurs de durée dans les sociétés européennes.

La religion des droits de l'homme fonde une idéologie farouchement antinationale qui a radicalement changé le contenu de la démocratie. Dans cette version qui est aujourd'hui imposée comme seule valide dans les pays d'Europe occidentale, la démocratie est fondamentalement le culte de l'universel, l'obsession de l'ouverture à l'autre. On a ainsi abandonné sans le dire le modèle classique de la démocratie libérale pour glisser vers une démocratie nouvelle manière qui se réclame d'un modèle postnational et multiethnique. Dans ce système, la souveraineté du peuple qui fonde traditionnellement la démocratie passe au second plan. Ce n'est plus une vraie souveraineté, puisqu'elle est subordonnée aux dogmes de la religion des droits de l'homme. Non seulement le gouvernement mais aussi le législateur, qui fait la loi au nom du peuple théoriquement souverain, n'ont plus le droit de vouloir autre chose que ce qui est voulu par la religion des droits de l'homme. Et cette conformité est vérifiée par les juges, ce qui fait d'eux les prêtres omniscients et tout puissants de cette néo-religion[215]. C'est en définitive l'interprétation souvent très libre que les juges donnent des droits de l'homme qui est souveraine. La religion des droits de l'homme fonde la souveraineté des juges, et la souveraineté des juges renforce toujours davantage l'emprise de la religion des droits de l'homme.

Même si les hautes juridictions nationales – en France : le Conseil constitutionnel, le Conseil d'État, la Cour de cassation – jouent leur rôle dans ce système auto-alimenté, sa clé de voûte est la Cour européenne des droits de l'homme (CEDH) qui raye d'un trait de plume une loi votée par un Parlement et se prétend compétente pour juger d'une disposition constitutionnelle, même adoptée par référendum.

Comme il y a eu naguère les démocraties populaires qui étaient en réalité des totalitarismes, il y a aujourd'hui la démocratie droits-de-l'hommiste, laquelle est une forme plus feutrée mais bien réelle de totalitarisme. Dans les pays où elle règne sans partage, la religion séculière des droits de l'homme est un système politico-religieux réglementariste,

---

215. Krynen (Jacques), *L'emprise contemporaine des juges*, Paris, Éd. Gallimard, 2012, p. 335-349.

coercitif et répressif dont l'État est en même temps l'Église. C'est particulièrement le cas en France, laquelle est soumise à un État-Église de la religion des droits de l'homme, qui veut à tout prix imposer aux Français un ordre moral humanitaire en pourchassant les mal-pensants. Dans les démocraties occidentales perverties par la religion des droits de l'homme, comme naguère dans la prétendue démocratie qu'était le monde soviétique, les citoyens sont écrasés par des tabous idéologiques dont la transgression est durement punie par le droit pénal : le totalitarisme droits-de-l'hommiste a pris la suite du totalitarisme communiste dans le projet d'empêcher l'individu occidental de penser et d'agir librement.

La religion des droits de l'homme contre la liberté

Adoptant une version déformée et perverse de l'amour évangélique, la religion séculière des droits de l'homme vise à réaliser le paradis sur la terre en rendant obligatoire *hic et nunc* l'amour de l'autre jusqu'au mépris de soi, au nom de la sainte humanité. L'amour de Dieu d'où découlait l'amour de l'autre selon l'enseignement chrétien est remplacé par une obligation juridique d'amour absolu de l'autre dont les manquements sont punis par le droit. Vertu d'origine chrétienne pratiquée librement, l'oubli total de soi au profit d'autrui est aujourd'hui imposé autoritairement à la civilisation occidentale. C'est au nom de cet amour que l'on impose à chacun, fût-ce contre l'évidence, de voir dans l'autre rigoureusement le même que soi. Au nom de l'extirpation de toute forme de discrimination, nous sommes sortis de la démocratie libérale. Nous sommes soumis à « un régime disciplinaire » qui interdit aux Occidentaux de considérer l'autre « autrement que sous la rubrique exclusive du semblable ». Ce qui nous distingue « ne peut être évalué ni même nommé publiquement » [216]. Du moins par l'homme occidental, car l'autre, lui, possède toute latitude de brandir ce qui le distingue pour se plaindre d'avoir été maltraité à cause de cette différence, et d'en exiger réparation.

C'est que la religion des droits de l'homme sacralise en qualité de victimes toutes les catégories se plaignant d'une violation par

216. Manent (Pierre), *La raison des nations*, p. 84.

le monde occidental du devoir d'amour et de non discrimination qu'il avait envers elles. Tout cela découle largement de la *Political Correctness* qui ravage les universités américaines depuis quarante ans. Dès les années 1980, activistes noirs et féministes, soutenus par des enseignants progressistes, y récusaient totalement la transmission de la culture au prétexte que, depuis Homère, Hésiode, Platon et Aristote, les grands auteurs de la tradition littéraire sont tous des *dead white Europeans males*. Les activistes noirs les haïssaient car ils étaient blancs, les féministes car ils étaient hommes. C'est dans cet esprit que le règne de la religion des droits de l'homme donne lieu à un vaste procès n'ayant qu'un seul accusé chargé de toutes les culpabilités : l'homme blanc, de sexe masculin et hétérosexuel. Le rôle assigné à celui-ci est de se reconnaître coupable, de se repentir sans fin, de se prosterner devant tous ceux qui prétendent avoir été ses victimes. Bref, une éternelle autocritique, ce qui renvoie aux pratiques du monde communiste.

Constitués sur des bases raciales, ethniques, religieuses, sexuelles ou autres, toute une série de catégories d'êtres humains se sont vues reconnaître par la religion des droits de l'homme la qualité de victimes. Et, dès 1983, le grand philosophe du droit Michel Villey observait que les groupes de pression prétendant parler au nom de ces catégories déclarées victimes avaient « pris l'habitude de calculer leurs "droits" sur la seule considération narcissique d'eux-mêmes et d'eux seuls »[217].

Au nom de la religion des droits de l'homme, ces groupes identitaires se réclamant principalement du genre et de la race ont obtenu de l'État des foules d'avantages incroyablement ruineux pour la société ainsi que d'immenses privilèges dans le domaine du droit. Au nom de la parfaite égalité, ce sont des privilégiés. Ils ont leur régime juridique protecteur particulier, leur *privata lex*. Ce sont des catégories privilégiées parce que censées être ou avoir été, effectivement ou potentiellement, victimes de discriminations. Et la police humanitaire de la pensée empêche que l'on conteste le bien-fondé de la satisfaction par la société de leurs désirs et de leurs revendications, quelque danger qu'il puisse en résulter pour l'avenir du pays concerné. La société peut bien périr, pourvu

217. Villey (Michel), *Le droit et les droits de l'homme*, Paris, PUF, 1983, p. 97.

que s'accomplisse l'extension illimitée des droits individuels de tous ceux qui se considèrent, ou sont considérés, comme discriminés, et donc comme victimes de la société.

Il y a dans tout cela une grave perversion de l'individualisme occidental. Celui-ci a été longtemps un individualisme libérateur, dirigé contre l'influence du religieux sur le politique, revendiquant la liberté de pensée et d'expression. Au contraire, l'individualisme se réclamant de la religion des droits de l'homme est vindicatif, répressif, asservissant. Il refuse aux autres toute liberté de pensée et d'expression à son sujet. Il exige la soumission entière du pouvoir temporel au pouvoir néo-spirituel des droits de l'homme. L'individu se prévalant d'une identité victimaire et réclamant satisfaction au nom des droits de l'homme est rempli par l'enflure de son petit moi. Tout en se plaisant à étaler sans fin ses revendications, ses rancunes et ses condamnations, cet individu veut qu'on fasse taire tous ceux qui ne pensent pas comme lui et ses clônes. L'individualisme libérateur apportait avec lui la possibilité de parler de tout librement. L'individualisme répressif veut la punition de ceux qui contredisent le dogme. Il est l'Église. Ne prenant en compte que les individualités réputées victimes et brimant toutes les autres, l'individualisme asservissant entend empêcher de penser et d'agir librement l'individu occidental, tout comme l'a fait le communisme.

À l'égard des catégories se revendiquant comme victimes, la liberté d'expression est supprimée. Il est interdit d'émettre à leur égard des critiques, même si elles sont mesurées et argumentées. Ces catégories sont placées au-dessus du reste de la nation. Elles sont sacrées. Le nouveau droit pénal qui interdit que les revendications présentées au nom de ces catégories puissent faire l'objet d'un libre débat est un droit pénal religieux. C'est le droit pénal de la religion séculière des droits de l'homme ayant pris le pouvoir.

Les tribunaux sanctionnent durement les actes, les paroles et même les pensées exprimant une indépendance d'esprit envers la sainteté du dogme de la non-discrimination. L'expression d'idées allant à son encontre est punie comme un crime de blasphème. Autant la religion des droits de l'homme est douce à ceux qui sont ses chouchous, c'est-à-dire tous ceux qui sont censés être des victimes de la société – y compris les vrais délinquants et criminels –, autant elle est féroce envers ceux qui sont ses bêtes noires, c'est-à-dire ceux qui ne se plient pas à ses exigences, ceux qui transgressent peu ou prou la règle sacrée de l'amour inconditionnel et prioritaire de l'autre. Ceux-là, la religion des droits de l'homme les traite en ennemis à abattre et à fouler aux pieds. Pour ceux-là, la religion des droits de l'homme a inventé des incriminations sévères destinées à les briser, alors que ce sont pour l'essentiel des gens estimables et utiles à la société, n'ayant objectivement rien fait de mal au regard de la morale commune, celle du Décalogue, qui interdit de voler et de tuer.

Cette dureté envers les dissidents des droits de l'homme devenus religion d'État est en train de détruire purement et simplement la liberté d'expression, la liberté de pensée, et plus généralement les libertés publiques. Opposables à l'État par le citoyen, elles furent le noyau fondateur de la démocratie libérale, où on pouvait parler librement de tout, y compris des choses sacrées. Or le nouveau sacré officiel qu'est la religion des droits de l'homme n'admet pas que l'on puisse parler de lui librement. Dans les nations d'Europe occidentale, les libertés publiques – qui sont le socle historique des droits de l'homme comme garants de la liberté – sont en train d'être grandement réduites par l'actuelle religion d'État des droits de l'homme.

Il y a, au nom d'idées en principe généreuses, création subreptice d'une société liberticide. La liberté se trouve gravement amoindrie et mise en danger par le système de néo-religion d'État auquel nous sommes soumis. Par une incroyable régression, on a rétabli la punition judiciaire du blasphème et du sacrilège. Les manifestations d'opinions non conformes aux dogmes de la religion séculière officielle sont les nouveaux crimes religieux. Totalitarisme ne s'avouant pas comme tel, le culte des droits de l'homme bâillonne l'opinion de manière plus sournoise mais tout aussi efficace qu'un régime totalitaire violent. Certes, à la différence du communisme, la religion des droits de l'homme n'a pas créé de *goulag*. Mais elle utilise un redoutable endoctrinement, une très efficace police de la pensée et son droit pénal néo-religieux ferme la bouche à la contestation. Cela paralyse les capacités de résistance des sociétés européennes. C'est ainsi que l'interdiction de critiquer l'immigration revient en pratique à interdire purement et simplement d'avoir un débat sérieux sur un des très grands problèmes de notre temps[218]. Le millénarisme vertueux de l'élimination de toute discrimination – c'est-à-dire en clair de l'amour de l'autre jusqu'au mépris de soi – est suicidaire pour les sociétés européennes.

Les droits de l'homme, religion mortelle aux peuples européens

Les droits de l'homme érigés en religion officielle détruisent les nations qui ont le malheur de se soumettre à leur culte funeste. Les effets socialement mortifères de la religion des droits de l'homme sont innombrables, mais ceux dont le caractère destructeur est le plus immédiatement perceptible sont d'une part l'encouragement de l'avortement, qui est érigé en norme sociale très valorisée, et d'autre part l'affirmation que, le déferlement sans fin de l'immigration extra-européenne se trouvant conforme au sens de l'histoire, il est en conséquence juste et bon et doit être accepté avec empressement. La conjugaison de ces deux facteurs est mortelle aux peuples d'Europe occidentale. D'un

218. Manent (Pierre), *La raison des nations*, p. 59.

côté, la pratique massive de l'avortement se traduit par un déficit de naissances, ce qui creuse un énorme vide démographique au sein du peuple concerné. De l'autre côté, il est procédé au comblement de ce vide par une énorme immigration en provenance de l'Afrique et du Moyen-Orient. Tous les Européens qu'on a empêchés de naître sont remplacés par des populations issues d'autres peuples, d'autres civilisations. Et comme cette gigantesque immigration est majoritairement musulmane, cela a permis à l'islam de se lancer à la conquête de l'Europe. Ainsi, sous l'effet de la religion des droits de l'homme, se perpètre subrepticement l'assassinat des nations d'Europe occidentale.

La très vertueuse religion séculière des droits de l'homme trace aux Européens le devoir de disparaître en souriant pour faire place à d'autres peuples et à d'autres civilisations. Cette « entreprise terrifiante »[219] vient de ce que la mécanique historiciste dont est porteuse la religion séculière des droits de l'homme broie inexorablement tous ceux qui ont la malchance de constituer un obstacle à son inexorable progression. Or les peuples

219. Sorel-Sutter (Malika), *Le Figaro Magazine*, 6 mai 2011 ; *Valeurs actuelles*, 21 avril 2011.

d'Europe occidentale sont d'évidence les victimes désignées d'un sens de l'histoire conçu comme la marche vers un total cosmopolitisme présenté comme le bien absolu.

La religion des droits de l'homme affirme que les Européens doivent se plier avec zèle à la bienheureuse fatalité historique qu'est leur remplacement progressif par des populations d'origine principalement africaine. Ils doivent accepter de bonne grâce d'être dépossédés de pans entiers de leur territoire. Ils doivent aimer l'idée de leur anéantissement, ils doivent cultiver le masochisme. C'est au nom de la religion des droits de l'homme que s'est développé le masochisme occidental. C'est au nom de la religion des droits de l'homme que les peuples d'Europe occidentale se voient interdire de s'estimer et de s'aimer.

Une société ne peut pas espérer survivre très longtemps quand elle érige l'amour absolu de l'autre en norme juridique suprême sanctionnée par le juge. Sécularisant et falsifiant en même temps l'idéal d'amour universel de la cité céleste, la religion séculière des droits de l'homme entraîne les Européens dans une démarche d'anéantissement de soi. Les astreignant vertueusement à un amour unilatéral de l'autre, elle les contraint à renoncer à tout ce qui assure la survie de la cité terrestre : préservation de l'identité de chaque société humaine, défense de ses intérêts, amour de la patrie, pérennité de la famille, organisation de la sécurité, exactitude de la justice. Instaurant une morale d'État vertueusement suicidaire, la religion des droits de l'homme interdit aux dirigeants européens d'envisager de manière objective des problèmes aussi graves que le déferlement de l'immigration et la présence d'un islam de masse, afin d'y apporter une réponse politique.

L'indépendance perdue du pouvoir politique

Officiellement, la France est un pays laïque, un pays de séparation de l'État et des religions. Mais cela ne vaut pas pour le néo-sacré que sont aujourd'hui les droits de l'homme. Par rapport à la religion séculière dont ils sont l'objet, le pouvoir temporel a perdu l'autonomie dont il jouissait depuis de nombreux siècles vis-à-vis de la religion chrétienne.

Les droits de l'homme érigés en religion refusent au pouvoir temporel ce que celui-ci avait réussi à obtenir au nom du « Rendez à César », c'est-à-dire son autonomie à l'égard du spirituel. C'est une immense régression qui nous ramène avant le XIIIe siècle, moment où saint Thomas a posé en principe la légitimité de l'autonomie de l'État face à l'Église.

Presque tout au long de l'histoire des sociétés d'Europe occidentale, le pouvoir temporel s'est employé à conquérir par rapport au pouvoir spirituel exercé par l'Église, une autonomie dont le principe était d'ailleurs, il faut le redire encore, inscrit dans les textes fondateurs de la religion chrétienne. Dans le cadre de la disjonction chrétienne du politique et du religieux, le pouvoir était certes imprégné de valeurs évangéliques, mais il n'en gardait pas moins son autonomie d'appréciation et sa liberté de décision dans la gestion des affaires de la cité. Un prince aussi pieux que Saint Louis pouvait bien laver les pieds des pauvres et des malades, et cheminer pieds nus dans Paris en portant la croix, ces pieux abaissements concernaient seulement la personne du prince, et non pas son gouvernement ni son État. Si bien que c'est ce roi pieux et chaste qui a institutionnalisé les bordels en France.

L'autonomie médiévale du pouvoir temporel a été la concrétisation de la disjonction chrétienne du politique et du religieux. Celle-ci a été constamment invoquée, de saint Thomas à Jean de Paris et à Guillaume d'Occam, par ceux qui combattaient les arguments de la théocratie pontificale, au nom de laquelle le pape prétendait dominer les royaumes et leur dicter leur conduite.

Au sein de la chrétienté, même si les détenteurs du pouvoir politique adhéraient aux vertus chrétiennes, il n'était pas question pour eux de les appliquer mécaniquement en n'importe quelle occasion, dès lors que le rôle des gouvernants était de prendre les décisions les mieux adaptées aux situations concrètes rencontrées. Pour cela le meilleur guide du pouvoir était la vertu de prudence, qualifiée par saint Thomas de sagesse de l'ordre pratique, et reconnue par la philosophie chrétienne comme la première des vertus appelées cardinales, car jouant un rôle charnière (*cardo*) dans le bon fonctionnement de la société. Dans la continuité de la *sophia* des Grecs et de la *prudentia* de Cicéron, la prudence était pour les gouvernants de l'ancienne Europe l'aptitude à prendre en compte la réalité afin de parvenir à la décision la plus conforme aux intérêts bien compris du groupe humain dont ils avaient la charge. L'objectif de la prudence était, grâce à la compréhension de « la structure de la réalité, y compris la *conditio humana* », de réaliser la coordination rationnelle des moyens et des fins[220].

Du fait de l'autonomie dont il jouissait à l'égard du spirituel, le pouvoir politique avait en pratique la liberté, au nom des logiques de la raison d'État, d'adopter des solutions heurtant les convictions religieuses des contemporains, mais dont la caractère moralement insatisfaisant n'était que la conséquence des imperfections de la condition humaine. Il en était ainsi lorsqu'un État chrétien adoptait une politique internationale scandaleuse du point de vue de la chrétienté. Tel fut le cas de la France qui, pendant trois siècles, de François Ier à la fin de l'Ancien Régime, a choisi d'être l'alliée de l'islam contre la très catholique Maison d'Autriche. Cela n'empêchait pas le roi de France de rester, dans son royaume, le roi très chrétien grandement attaché à la catholicité de ses peuples. Mais, pour faire pièce aux Habsbourg dont les États

---

220. Voegelin (Eric), *La nouvelle science du politique*, Paris, Éd. du Seuil, 2000, p. 234.

prenaient la France dans un étau, la *prudentia* amenait le roi Valois, puis Bourbon, à pactiser avec un empire ottoman alors considéré comme le diable : un allié parfaitement adapté puisqu'il était en mesure d'assiéger Vienne, mais bien trop éloigné de la France pour venir mettre le siège devant Paris. Ceux qui menaçaient Paris, c'étaient les Habsbourg d'Espagne ou du Saint-Empire. Et, devant le danger prioritaire qu'ils représentaient, la sagesse était de commettre une monstruosité du point de vue chrétien et européen, en nouant contre cet ennemi proche une alliance avec un ennemi plus lointain et donc moins directement dangereux, l'islam. C'était la sagesse politique, le choix du moindre mal. Au demeurant, cette alliance avec l'empire islamique n'a pas empêché Louis XIV de faire bombarder Alger, pour tâcher de dissuader les corsaires musulmans des grands ports du Maghreb de capturer des Français en mer ou sur les côtes françaises pour en faire des esclaves.

Ce type de pragmatisme permettant, dans l'intérêt du pays dont on a la responsabilité, à passer au besoin avec le diable une alliance de circonstances, se trouve aujourd'hui interdit aux gouvernants européens par la religion des droits de l'homme, le diable n'étant plus l'empire islamique mais les pays non respectueux des droits de l'homme.

Le pouvoir politique interdit de réalité par les droits de l'homme

Parce qu'elles découlent de la gnose et du millénarisme, les religions séculières sont marquées par une méconnaissance de la réalité qui leur est inhérente. La pensée gnostico-millénariste est caractérisée par la substitution d'un monde imaginaire au monde réel. Dans ce monde rêvé, la méconnaissance de la réalité constitue le premier principe. De sorte que des actions qui seraient considérées dans le monde réel comme « moralement insensées, compte tenu de leurs effets concrets », seront considérées comme vertueuses dans le monde imaginaire de l'idéologie, « car elles visaient à des effets tout à fait différents ». Le décalage entre l'intention et le résultat obtenu ne sera pas imputé à sa véritable cause, qui est une ignorance volontaire de « la structure de la réalité », mais sera attribué au mauvais comportement de la société concernée. La pensée gnostico-millénariste est caractérisée par l'interprétation de sa propre « démence morale comme morale, et des vertus de *sophia* et de *prudentia* comme immorales ». De sorte que le bien et le mal ne sont pas définis à partir de la saine compréhension de la réalité, mais par rapport aux idéaux de ce monde rêvé. Est bon tout ce qui se réclame de lui et va dans le sens de son avènement. Est mauvais tout ce qui contredit l'image fantasmée de ce monde imaginaire et s'oppose à ceux qui font de lui leur credo.

La méconnaissance de la réalité par la pensée gnostico-millénariste concerne l'ensemble des idéologies qui en découlent, c'est-à-dire non seulement celles qui ont fondé les empires totalitaires du XXe siècle – Russie communiste et Allemagne nazie –, mais encore les courants progressistes et idéalistes à l'œuvre dans les démocraties occidentales. Un lien intime les réunit, par-delà leur spectaculaire antagonisme. Même si son projet est bien moins radical que celui du communisme, lorsque le libéralisme se conçoit lui aussi comme « le salut immanent de l'homme et de la société », il s'inspire à sa manière du rêve gnostico-millénariste. Si bien que, dès les années 1950, le grand philosophe politique Eric Voegelin se demandait si « la substitution du monde imaginaire au monde réel » n'aurait pas « si profondément corrompu la société occidentale que toute politique rationnelle serait devenue impossible ». Il observait que, même si le monde occidental percevait les dangers menaçant son existence, il ne les affrontait pas au moyen « d'actions adaptées au monde de la réalité », mais plutôt « à l'aide d'opérations magiques dans le monde imaginaire, telles que la désapprobation, la condamnation morale, les déclarations d'intention, les résolutions, les invocations à l'opinion de l'humanité, la stigmatisation des ennemis comme agresseurs, la proscription de la guerre, la propagande en faveur de la paix mondiale et du gouvernement mondial ». Le tout produisant une « atmosphère étrange et fantomatique d'asile de fous »[221].

Pur produit de la pensée gnostico-millénariste, les droits de l'homme ont dès le départ substitué un monde imaginaire au monde réel en manifestant la prétention de garantir à l'humanité « la marche vers un avenir

---

221. *Ibid.*, p. 234-241. Eric Voegelin appelle gnostique tout ce qui vient de Joachim de Flore, mais la pensée de celui-ci mêlait les deux hérésies, si bien qu'il est préférable de parler de rêve gnostico-millénariste.

radieux »[222]. Il y a eu dès le départ dans les droits de l'homme une radicale méconnaissance de la réalité. Ainsi, dans son préambule, la *Déclaration des droits de l'homme et du citoyen* du 26 août 1789 affirme que « l'ignorance, l'oubli ou le mépris des droits de l'homme sont les seules causes des malheurs publics et de la corruption des gouvernements », et que là se trouve le seul obstacle au « bonheur de tous ». En prétendant réduire la politique à la question du respect des droits de l'homme, la *Déclaration* est en plein rêve.

Cela ne veut pas dire que la question des libertés ne soit pas une partie importante de la politique. Elle l'est en Europe depuis la Grèce antique. D'ailleurs, en France, l'origine des libertés publiques est très antérieure à 1789. Sous l'Ancien Régime, le roi se fixait comme objectif le respect de la « liberté publique », de la liberté de ses sujets. Grand théoricien de l'État de la seconde moitié du XVIe siècle, Bodin parlait de leur « liberté naturelle ». De fait, la liberté conçue comme indépendance – comme le fait de n'être pas soumis à l'ingérence ou à l'interférence de l'autorité – était très présente dans l'ancienne

---

222. Lochack (Danièle), *Les droits de l'homme*, Paris, Éd. La Découverte, 2005, p. 3.

France. Et la propriété se trouvait dans l'ensemble très solidement garantie contre d'éventuels abus du pouvoir par un droit de l'expropriation remarquablement protecteur[223]. La grande lacune était la liberté d'expression des opinions dans le domaine politique et surtout religieux. Sa proclamation fut dans le domaine des libertés publiques l'apport majeur de la *Déclaration* du 26 août 1789.

Pour autant, vouloir réduire le rôle du politique au respect des droits de l'homme était un déni de réalité. En 1789, la grande masse de la population française, qui vivait au contact de beaucoup trop d'insécurité à son goût, avait principalement soif de sécurité. La grande majorité des gens vivaient dans les campagnes, et celles-ci étaient continuellement infestées de mendiants, de vagabonds, de voleurs. Si bien que la population réclamait une augmentation des troupes de la maréchaussée, ancêtre de notre gendarmerie. Très souvent dans les cahiers de doléances rédigés en vue de la réunion des États généraux, on

---

223. Harouel (Jean-Louis), V° « Ancien Régime », *Dictionnaire des Droits de l'Homme*, dir. Joël Andriantsimbazovina et *al.*, Paris, PUF, 2008, p. 36-38.

se plaignait du trop petit nombre des cavaliers de la maréchaussée, on demandait à en avoir bien davantage. Mais les rédacteurs de la *Déclaration* vivaient par l'esprit dans le monde imaginaire qu'ils étaient en train d'essayer de substituer au monde réel, et où la seule chose vraiment importante à leurs yeux était de pouvoir fronder le gouvernement royal en toute sécurité. Les droits de l'homme déclarés le 26 août 1789 n'ont donc pas pris en compte la demande venue du monde réel, l'aspiration populaire à la sécurité des biens et des personnes.

En politique, il n'y a pas que la question des libertés, bien loin de là. Ce n'est qu'un point parmi bien d'autres, et pas toujours le plus important. Dans une société où la sécurité n'est pas assurée, les libertés et les droits n'ont aucun sens pour la plupart des gens. Dans les pays où la population vit dans la terreur d'une violence omniprésente et menaçante, le problème politique fondamental est de créer un ordre public. Juguler le Mal n'est possible que grâce à l'action de l'État, au moyen d'une police énergique et disciplinée et d'une justice publique efficace et impartiale. « Nous ne savons plus dire le Mal », observait Jean Baudrillard, en ajoutant que le discours des droits de l'homme « repose sur la croyance illuministe en l'attraction universelle du Bien, sur une idéalité des rapports humains alors qu'il n'existe évidemment de traitement du mal que par le mal »[224].

Contrairement à ce que voulaient croire les rédacteurs de la *Déclaration* de 1789, les malheurs publics peuvent avoir bien d'autres causes que le respect insuffisant des libertés. La faiblesse de l'État, génératrice de désordres, d'insécurité, d'inefficacité dans la répression des crimes, engendre énormément de malheurs publics. Il en est de même des mauvaises politiques économiques, financières, commerciales. Pour prendre un exemple ancien mais qui a connu depuis bien des rééditions, le traité de libre-échange conclu avec l'Angleterre en 1786 a eu des effets catastrophiques pour la France dont le marché fut inondé par les produits anglais vendus moins chers que la production nationale. D'où la ruine de bien des entreprises françaises et une avalanche de licenciements qui contribuèrent à la montée d'un climat révolutionnaire. Quelques années plus tard, la gestion

224. Cité par Paul-François Paoli, *Malaise de l'Occident : vers une révolution conservatrice ?*, Paris, Éd. P.-G. de Roux, 2014, p. 121.

irresponsable des finances publiques par la Révolution ainsi que le dirigisme économique du Comité de salut public robespierriste, en produisant une complète désorganisation de l'économie française, contribuèrent puissamment à l'immense explosion des malheurs publics qui a caractérisé cette période[225].

Bref, les causes susceptibles d'engendrer des malheurs publics sont innombrables, et les droits de l'homme eux-mêmes en font partie. Ainsi, en matière d'immigration, la religion des droits de l'homme ne veut voir dans les migrants que des individus membres de l'humanité envers lesquels existe un devoir de fraternité universelle, d'où l'obligation de les accueillir et de leur faire place en les faisant bénéficier de tous les droits et avantages en vigueur dans le pays considéré. La question de leur possible incompatibilité avec la société où ils s'invitent est complètement laissée de côté. On refuse de se demander s'ils sont susceptibles de s'assimiler à la population d'origine, de s'adapter à ses modes de vie et à ses mœurs. Les gens qui parlent exclusivement en termes de droits de l'homme ne sont décidément pas dans le monde réel

---

225. Aftalion (Florin), *L'économie de la Révolution française*, Paris, Éd. Hachette, 1987.

mais dans un monde imaginaire. Ce qui les conduit à causer les plus grands dommages au monde réel, à lui infliger de cruels malheurs publics.

Dès l'aube des années 1980, Marcel Gauchet avait prévenu que, si les démocraties européennes faisaient des droits de l'homme leur politique, elles se condamneraient à « l'impuissance collective »[226]. Telle est la conséquence de la substitution d'un monde rêvé au monde réel, telle est la conséquence de l'abandon de la *prudentia*, sans laquelle le pouvoir politique conduit vers l'abîme les peuples qu'il gouverne.

Lorsque le général de Gaulle, après avoir dit que c'était « très bien qu'il y ait des Français jaunes, des Français noirs, des Français bruns », ajoutait « mais à condition qu'ils restent une petite minorité »[227], il s'appuyait sur l'observation du monde réel, il se refusait à substituer à celui-ci un monde imaginaire, il tenait des propos placés sous le signe de la *prudentia*. Son constat était

---

226. Gauchet (Marcel), « Les droits de l'homme sont devenus une politique », *Le Débat*, 2000/3, n° 110, p. 260.

227. Rapporté par Alain Peyrefitte, *C'était de Gaulle*, Paris, Éd. Fayard, 1994, t. I, p. 52.

donc hautement répréhensible au regard du dogme droits-de-l'hommiste, et il fait d'ailleurs scandale toutes les fois qu'il est publiquement cité dans le débat politique.

Sous l'effet de la religion des droits de l'homme, la réalité doit être niée ou du moins ignorée. On doit faire comme si on ne la voyait pas, comme si elle n'existait pas. On n'a plus le droit de dire ce qui est, il y a une interdiction de dire le réel. On n'a pas le droit de contredire l'idée rêvée selon laquelle tous les humains et tous les groupes humains – en dehors bien évidemment d'un Occident éternellement coupable – seraient également bons, sociables, pacifiques. Cela contredit l'exigence d'égalité absolue qui fonde la religion des droits de l'homme.

Or, la réalité est tout autre. La réalité est, par exemple, que toutes les catégories de migrants sont loin d'être également compatibles avec une société donnée, et donc que certains devraient être évités à tout prix. La réalité est aussi qu'il y a, dans chaque population, des catégories dangereuses, violentes, délinquantes, et d'autres qui ne le sont pas. Dans la France de l'Ancien Régime, les principales catégories dangereuses étaient les brigands, les mendiants et les soldats. De redoutables bandes de brigands terrorisaient des contrées entières. Les rues des villes étaient pleines de mendiants, prêts à se transformer en voleurs et en émeutiers. Quant aux soldats, qu'on logeait chez l'habitant et qui ne respectaient rien, ils terrorisaient eux aussi les populations. Ce fut la grande œuvre de la royauté louis-quatorzienne que de mettre au pas ces catégories dangereuses en réprimant le banditisme, faisant arrêter les mendiants, construisant des casernes et disciplinant les troupes. Intervenue grâce au renforcement de l'autorité de l'État, cette instauration d'un ordre public a fait grandement reculer l'insécurité. Le rôle du pouvoir politique est d'identifier les catégories indésirables ou dangereuses et de prendre les mesures requises. Ce que l'empêche de faire la religion des droits de l'homme.

Le pouvoir politique paralysé par le néo-religieux droits-de-l'hommiste

Estimant détenir la vérité transcendante en ce qui concerne l'organisation de la société, le nouveau sacré que constituent les droits de l'homme refuse l'idée même d'un pouvoir politique en charge des affaires séculières et les réglant librement à partir de son analyse de la réalité. Dans la logique néo-spirituelle des droits de l'homme, la présence d'un pouvoir temporel jouissant d'une grande marge d'autonomie est inacceptable. Cependant, tant que les droits de l'homme sont restés une norme idéale sur le fondement de laquelle on pouvait critiquer l'action des organes du pouvoir législatif ou du gouvernement, l'autonomie du pouvoir séculier a pu se maintenir. Mais tout a changé quand cette sacralité humanitaire est devenue du droit positif, dont le respect s'est trouvé sanctionné par les tribunaux.

En Europe occidentale en général et en France tout particulièrement, le pouvoir politique s'est ligoté lui-même face aux droits de l'homme, tant par les mesures constitutionnelles qu'il a adoptées que par tous les accords internationaux auxquels il a adhéré, depuis la Convention de Genève jusqu'à divers pactes onusiens humanitaires en passant par la Convention européenne des droits de l'homme. Tous cela, et plus encore l'interprétation qu'en donnent les juges, aboutit à la paralysie du politique face aux dangers qui menacent l'avenir des sociétés européennes.

Sans compter que la liberté d'action du législateur et du gouvernement se trouve également bridée par les directives communautaires dont les dispositions ont même valeur qu'une obligation constitutionnelle, et qui font trop souvent passer la distribution de droits et de garanties aux immigrés avant les impératifs de la sécurité nationale et la légitime nécessité de contrôler l'immigration. Les dirigeants des pays d'Europe occidentale se sont résignés à cette évolution, et dans plus d'un cas ils y ont collaboré avec zèle. Mais ils n'ont aucun droit au repentir. Tout retour, même passager, vers la prise en compte du réel leur est interdit.

Du fait de tous les interdits juridiques dans lesquels les pays occidentaux se sont emprisonnés eux-mêmes, à chaque fois que, confronté aux aspérités de la réalité, le pouvoir politique tente de revenir ponctuellement vers la *prudentia*, il est facile au juge-prêtre de l'obliger à rentrer dans le droit chemin, à revenir dans le monde imaginaire des droits de l'homme. Et si la lettre des textes ne suffit pas, les juges n'hésitent pas à les interpréter très librement, cherchant leur inspiration dans la morale de l'amour de l'autre érigée en norme absolue par la religion des droits de l'homme. C'est ainsi qu'on a vu le Conseil constitutionnel invoquer un devoir de fraternité universelle pour censurer la législation punissant l'aide à l'immigration illégale. Et la capacité du pouvoir spirituel humanitaire à bloquer toute velléité d'autonomie du pouvoir temporel est d'autant plus grande que tout un chacun peut contester la loi devant les tribunaux. Même si reste officiellement en vigueur l'article 3 de la *Déclaration* de 1789 proclamant que « le principe de toute souveraineté réside essentiellement dans la Nation », ce principe est sans cesse violé puisque les lois établies par les représentants du peuple sont couramment, au nom des droits de l'homme, mises à l'écart ou censurées par les magistrats. Même si la justice continue en principe d'être rendue « au nom du peuple français », il y a belle lurette qu'elle est en réalité rendue au nom des dogmes de la religion séculière des droits de l'homme.

Voici presque deux siècles, alors qu'il tentait d'empêcher le vote de la loi du sacrilège, le comte Portalis avait averti que la confusion des « choses de l'ordre religieux avec celles de l'ordre civil et politique » ne pouvait que produire « l'asservissement des consciences et le renversement des libertés publiques »[228]. C'est là que nous en sommes arrivés aujourd'hui, dès lors qu'en Europe occidentale, c'est le pouvoir spirituel humanitaire qui décide en dernier ressort dans la gestion des affaires publiques. Il y a effectivement renversement des libertés publiques, et tout particulièrement de la liberté d'expression, et les consciences sont largement asservies par l'incessante propagande mise au service des dogmes de la religion officielle des droits de l'homme. Imposant son idéologie au pouvoir politique, celle-ci produit un effet profondément dissolvant sur les sociétés européennes en même temps qu'elle les désarme face à l'invasion migratoire en général et à la conquête musulmane en particulier.

Les droits de l'homme, instrument de la conquête musulmane

En Europe occidentale, l'islam a profité à plein des droits de l'homme. C'est sur eux que se sont fondées les revendications vestimentaires, alimentaires et autres des

---

228. *Archives parlementaires*, vol. 40, 27 avril 1824, p. 101.

musulmans, lesquelles relèvent en réalité d'une prise de pouvoir de nature politique, d'une appropriation de territoires, d'une domination de secteurs de la société. Ce que le président Emmanuel Macron a appelé le « séparatisme » musulman s'est fait au nom des droits de l'homme, principalement en invoquant la liberté et l'égalité. L'islam combinant en lui, comme on le sait, le politique, le juridique et le religieux, toute concession que l'on croit faire à l'islam comme religion est aussi une concession faite à l'islam politique et juridique, avec pour effet de transformer peu à peu les pays européens concernés, et plus que tout autre la France, en terres musulmanes.

Dans la mesure où ils favorisent le succès des revendications musulmanes, les droits de l'homme contribuent à la montée en puissance de l'islam en France et dans les autres pays occidentaux. Lorsque, au nom du principe de non-discrimination, des droits individuels sont reconnus – par la loi, le juge ou l'administration – à des membres d'un groupe identitaire au titre de leur appartenance à ce groupe, ces droits deviennent des droits du groupe, et donc des droits collectifs. La sacralisation des droits individuels par la religion séculière des droits de l'homme aboutit paradoxalement à la mise en place de droits identitaires, ce dont l'islam a su tirer un grand profit. L'islam ne manque jamais d'utiliser l'arme des droits de l'homme pour contraindre les pays européens à s'incliner devant les exigences de la population musulmane qui y vit. Sous couvert de non-discrimination et de respect de la liberté religieuse, c'est bien une civilisation antagoniste de la civilisation européenne qui poursuit son entreprise de conquête.

L'islam a profité à plein des droits de l'homme pour installer en France la civilisation arabo-musulmane, ses mosquées et ses minarets, ses modes de vie, ses prescriptions et interdits alimentaires, ses comportements vestimentaires, voire ses règles juridiques en violation du droit français. À travers une foule de revendications identitaires téléguidées par eux, les milieux islamistes et notamment l'UOIF[229] ont instrumentalisé les droits de l'homme pour appesantir leur contrôle sur les populations originaires du nord de l'Afrique et les contraindre au respect de l'ordre musulman, faisant en particulier tout leur possible

229. Union des organisations islamistes de France (proche des Frères musulmans), devenue les Musulmans de France.

pour empêcher les jeunes nés en France – auxquels nous avions commis l'erreur d'attribuer massivement la nationalité française – de devenir sociologiquement des Français. La très forte incitation au port du voile islamique – le *hidjab* –à partir de 1989 a correspondu à cette volonté de prise en main de « la jeunesse scolarisée née en France pour lui inculquer des principes musulmans intégraux destinés à la dissocier de l'éducation assimilatrice portée par l'école républicaine »[230].

Le règne actuel de la religion des droits de l'homme est également précieux à l'islam car il lui permet d'échapper aux critiques sévères que la civilisation occidentale est pourtant en droit de lui adresser. Pour empêcher ces critiques, l'islam a très habilement manœuvré pour se faire reconnaître la qualité de victime de l'Occident, tant en raison de la colonisation passée que de prétendues injustices dont il serait aujourd'hui l'objet. Or, dans le système de la religion des droits de l'homme, dès qu'une catégorie de gens accède au statut de minorité réputée victime de la société, elle devient sacrée, intouchable. De manière très astucieuse, en posant à la minorité victimisée,

---

230. Kepel (Gilles), *Terreur dans l'hexagone*, p. 45.

l'islam cherche à se rendre intouchable et y parvient dans une grande mesure.

En utilisant l'égide de l'identité victimaire, l'islam fait taire ou rend inaudible toute critique grave le concernant, prétendant qu'il s'agit d'un dénigrement d'une catégorie discriminée. Du point de vue de la religion des droits de l'homme, les musulmans sont une communauté parmi toutes celles qui s'affirment en droit de réclamer respect et réparation en raison des torts que lui aurait causés l'Occident. Cela permet à l'islam de faire oublier son passif dans le domaine de l'esclavage, de la domination des femmes et des violences contre elles, de la répression de l'homosexualité, de l'infériorité juridique imposée aux non-musulmans, du refus de la liberté d'expression. Sur tous ces points, l'islam est en contradiction flagrante avec les droits de l'homme dont il se réclame si habilement pour réaliser son entreprise de conquête de l'Europe.

L'islam ignore les garanties et droits individuels formant les droits de l'homme tels qu'on les concevait jusqu'aux années 1960. En particulier, il refuse la plus fondamentale des libertés publiques, malheureusement trop restreinte aujourd'hui par le politiquement correct, et qui fut la grande conquête des Lumières : la liberté de communiquer sa pensée et son opinion, qui a trouvé en France sa forme la plus achevée durant la IIIe République, sous le régime de l'exemplaire loi sur la presse du 29 juillet 1881. L'islam refuse tout autant le principe d'égalité, en instituant l'infériorité juridique des femmes par rapport aux hommes, en réservant aux seuls musulmans le statut de citoyen à part entière, et bien sûr en conservant dans ses textes saints le principe de la légitimité de l'esclavage.

Mais l'islam contredit tout autant les droits de l'homme tels qu'on les conçoit aujourd'hui, principalement obsédés par les questions du genre et de la race. L'islam n'est disposé à exprimer aucune repentance pour le « génocide des peuples noirs par les nations arabo-musulmanes », pour le fait d'avoir déporté quelque 17 millions d'esclaves noirs qui ont pour l'essentiel été empêchés d'avoir une descendance[231]. L'islam estime normal qu'un homme batte ses femmes quand il le juge bon et puisse les répudier quand il n'en veut plus. Concernant l'homosexualité, la *charia* ne montre aucune espèce de tolérance.

---

231. N'Diaye (Tidiane), *op. cit.*, p. 265.

Pour punir la « turpitude » commise entre femmes, le Coran a prévu l'enfermement à vie[232]. Et un professeur de la célèbre université Al-Azhar, le cheikh Abd al-Azim al-Mitaani, a confirmé en 2003 que la peine pour les « actes de débauche entre femmes » était bien de rester enfermée jusqu'à la mort[233]. Et, concernant l'homosexualité masculine, la répression prévue par la *charia* est encore plus dure. Il y a en particulier un *hadith* terrible qui invite à tuer les homosexuels : « Le Prophète – que la Bénédiction d'Allah et son Salut soient sur Lui – a dit : "Celui que vous trouvez qui pratique l'acte du peuple de Loth, alors tuez celui qui pratique l'acte et celui sur lequel il est pratiqué". »[234]

Concernant la transformation de l'avortement en modèle social, l'apologie de l'adultère et de l'homosexualité, les affirmations sexuelles les plus variées et délirantes sur la base de la théorie du genre, il ne fait pas de doute que si l'islam arrivait un jour au pouvoir il sifflerait la fin de la récréation, il mettrait fin à la fête des fous. En soi, ce serait une

232. Coran, 4, 19/15.

233. Delcambre (Anne-Marie), *op. cit.*, p. 80.

234. *Sounan Abi Daoud*, n° 4462, authentifié par cheikh Albani.

bonne chose, mais ce serait également la fin de la civilisation européenne qui, si pervertie et dégradée qu'elle soit aujourd'hui, garde encore, pour qui sait les voir et les chérir, quelques beaux restes de sa splendeur passée et d'une douceur de vivre sans équivalent dans le reste du monde.

Conclusion

L'Europe n'a pu exister et avoir le destin brillant qui fut le sien durant des siècles que grâce à son rejet farouche de l'islam. C'est ainsi qu'elle a pu s'arracher aux conceptions théocratiques – dont relève l'islam – et construire non sans peine une disjonction du politique et du religieux génératrice de cette sécularisation qu'on appelle en France laïcité, dont l'origine se trouve dans la célèbre parole christique : « Rendez à César ce qui est à César, et à Dieu ce qui est à Dieu. »

Les premières générations d'origine maghrébine installées en France ont souvent connu une plus ou moins grande désislamisation, sous l'effet de la sécularisation de la société française et d'un sentiment national français encore relativement fort. En conséquence, il y eut fréquemment un détachement à l'égard du culte et de l'observation des règles coraniques, voire une rupture totale avec l'islam. Cette sortie de la religion a surtout eu lieu chez des gens ayant une formation intellectuelle élevée et qui ont trouvé avec bonheur dans la laïcité française une libération par rapport à l'étouffant et tyrannique conformisme de l'islam.

Aujourd'hui, cependant, pour l'immense majorité des populations issues de pays musulmans, ce n'est plus la désislamisation qui est à l'ordre du jour, c'est au contraire la réislamisation. Et celle-ci s'opère d'autant plus facilement que les musulmans présents sur le sol européen ne forment plus de petites minorités, sensibles de ce fait à l'influence des idées et des mœurs européennes, mais un puissant ensemble humain fier de sa croyance, de sa civilisation et de son identité, auxquelles il entend bien rester attaché. Les masses musulmanes installées sur le sol européen s'y considèrent chez elles, d'autant qu'on les autorise à y vivre comme en terre d'islam, ce qui veut dire que de leur point de vue l'Europe est déjà dans une bonne mesure terre d'islam.

Il est d'un illogisme absolu de permettre d'une part aux vastes populations issues du monde musulman qui vivent en France et plus généralement dans les pays occidentaux, de garder leur identité et leur civilisation, leurs croyances et leurs mœurs, et d'autre part d'exiger d'elles une adhésion à la liberté d'expression, dès lors qu'elle permet de se moquer des religions – en pratique surtout du christianisme, mais en principe aussi de l'islam. Les musulmans ne peuvent que trouver juste et bon le châtiment des enseignants sacrilèges qui critiquent l'islam, ou pire encore, qui montrent à leurs élèves des caricatures offensantes pour Mahomet. Cela est puni de mort par le droit musulman, et le crime est d'autant plus grand qu'il vient d'un infidèle, ayant l'obligation légale de parler de l'islam avec respect. En conséquence, l'assassinat d'un professeur perçu comme l'offenseur du Prophète peut aisément être considéré comme l'application de la loi musulmane.

La décapitation de Samuel Paty et les menaces de mort qui pèsent sur tout enseignant considéré comme offensant l'islam ne sont que la conséquence logique de la situation insensée dans laquelle les responsables politiques ont progressivement enfermé la France au cours des cinquante dernières années : accueillir des millions de musulmans en respectant scrupuleusement leurs croyances, et en même temps attendre d'eux le respect d'une liberté de pensée que leur loi divine réprouve comme un crime et punit de mort.

Il est évident qu'il n'est pas possible à la France, et plus généralement à l'Europe, de sauver le bien infiniment précieux qu'est la liberté de pensée et d'expression tout en laissant l'islam continuer à imposer sur le sol européen sa civilisation, ses minarets, ses modes de pensée et de vie, ses règles alimentaires, son système vestimentaire. Pour garder notre liberté d'expression, il n'est qu'un moyen : faire en sorte que ce pays musulman qui s'est constitué sur le sol français soit réintégré dans la France, qu'il redevienne français. Faire savoir aux musulmans vivant en France et dans les autres pays européens qu'il n'est pas possible de continuer à former face à la nation qui les a admis dans son sein une autre nation, une nation musulmane déterminée à vivre comme si elle était en terre d'islam.

Concernant les rapports de l'Europe et de l'islam, il existe deux problèmes distincts : d'une part l'horreur spectaculaire des massacres et des assassinats perpétrés par des djihadistes, et d'autre part – ce qui est en réalité infiniment plus grave – le processus silencieux et occulté de la conquête musulmane. Il ne fait pas de doute que, dans le projet d'un nombre non négligeable de musulmans, l'Europe occidentale soit redevenue ce qu'elle avait été au Moyen Âge, c'est-à-dire une terre à prendre, une proie pour l'islam. Or, si la conquête musulmane de l'Europe occidentale a été rejetée il y a un millénaire par la vigoureuse résistance des Européens, leur actuelle capacité de résistance est loin d'être à la mesure de ce qu'elle fut jadis. Et c'est dans le domaine de la force morale, de la force de caractère, que l'Europe se trouve aujourd'hui en piètre posture. Ainsi que Turgot l'avait écrit à Louis XVI, « ce qu'il y a de plus nécessaire pour tout gouvernement, c'est la force de caractère ». Or, la force de caractère est ce qui manque le plus à la classe politique des pays d'Europe occidentale.

Dans l'aptitude que les Européens montrèrent jadis à résister à la conquête musulmane, et même à opérer contre elle une reconquête, il n'y avait pas seulement la dimension matérielle, la supériorité matérielle croissante vis-à-vis du monde musulman. Il y a eu aussi, et peut-être surtout, le nécessaire élément moral. Grâce à sa religion, à sa civilisation, l'Europe a eu conscience de la valeur de ce qu'elle représentait. L'Europe avait la certitude que sa religion, le christianisme, était la bonne, et l'islam une monstrueuse erreur cherchant à détruire et opprimer. Que c'était une force ennemie qu'il était vital d'empêcher de nuire. Avec l'affaiblissement progressif du sentiment religieux, ce sentiment de certitude religieuse s'est progressivement effacé, mais il a été partiellement remplacé par d'autres certitudes jouant le même rôle. Celle d'appartenir à une nation hautement civilisée, dont le patrimoine intellectuel et matériel dominait celui des peuples moins avancés. Et aussi la conscience très valorisante d'être un Européen, d'appartenir à la portion de l'humanité exerçant du fait de sa supériorité objective un rôle de tutelle et de guide envers les portions moins évoluées du genre humain.

Au lieu de cela, les Européens sont aujourd'hui endoctrinés par la religion des droits de l'homme dans l'idée qu'ils sont le pire de tous les groupes humains, et que tous les autres valent infiniment mieux qu'eux. Sous l'effet du relativisme, toutes les civilisations jugées jadis retardataires sont désormais portées aux nues et prises pour modèle, tandis que la culpabilisation imposée à l'homme blanc lui interdit de ressentir aucune fierté pour ce qu'il est et a été. Commencé à l'école avec une redoutable efficacité, ce bourrage de crâne est ensuite repris sans cesse par les médias, sans parler des lois de repentance comme la loi Taubira, texte malhonnête et acte de haine envers la France et l'Europe. Or ces Européens ainsi dressés à se dévaloriser eux-mêmes ont en face d'eux, sur leur propre sol, l'énorme immigration musulmane à qui sa religion enseigne que les musulmans sont le meilleur de tous les groupes humains. Les musulmans d'Europe reçoivent de leur religion un sentiment de supériorité et de confiance en eux-mêmes, alors que la religion des droits de l'homme a extirpé de l'esprit de la plupart des Européens tout élément moral pouvant fonder chez eux la légitimité d'une volonté de résistance à la conquête musulmane. Il n'est pas besoin d'être grand clerc pour savoir comment les choses risquent fort de tourner.

Lorsqu'une civilisation « peu sûre d'elle, malléable et relativiste » se trouve confrontée à une civilisation « ancrée, confiante et renforcée par des doctrines communes, c'est généralement la première qui change pour s'adapter à la seconde ». Il est vain de penser que l'Europe changera l'islam, c'est l'islam qui changera l'Europe. Tout laisse craindre qu'un jour prochain l'islam devienne assez puissant en Europe occidentale « pour que les Européens regrettent d'avoir croisé son chemin »[235].

Ce qui avait fait jadis la force des Européens se retourne aujourd'hui contre eux. Alors que l'individualisme classique avait assuré le triomphe de l'Occident sur les sociétés musulmanes holistes, le délire individualiste actuel, qui paralyse complètement l'action du pouvoir politique, place l'Europe occidentale en position de faiblesse face au holisme musulman. Après avoir longtemps été pour l'islam un handicap, son holisme constitue aujourd'hui pour lui un atout majeur dans son bras de fer avec les Européens.

Quant au christianisme, il n'est plus aujourd'hui d'aucune utilité morale aux Européens face à la conquête musulmane. L'Europe ne peut même plus compter sur sa vieille religion, qui fut pendant si longtemps sa religion identitaire, et qui a joué

---

235. Caldwell (Christopher), *Une révolution sous nos yeux*, p. 456, 461.

un si grand rôle dans la construction de sa civilisation. L'Europe ne peut plus compter sur le christianisme pour l'aider face à l'islam. Alors qu'elle a pendant plus d'un millénaire animé la résistance européenne à l'islam, l'Église pactise aujourd'hui avec lui au nom d'un dialogue des religions dans lequel le catholicisme semble bien être la dupe. L'Église s'est mise à la remorque de la religion des droits de l'homme, si bien que le pape exhorte les pays européens à accueillir avec empressement l'immigration illégale qui déferle sur eux, et dont la plus grande partie est constituée de musulmans. Face à l'islam, la seule manière dont l'Église pourrait aujourd'hui être vraiment utile aux Européens serait de travailler activement à la conversion massive des musulmans d'Europe au catholicisme.

Mais seul l'État a vraiment les moyens, s'il se décide à le vouloir, de mettre fin à la conquête musulmane. Le problème est que, dans les pays d'Europe occidentale, l'État ne veut pas agir vraiment contre cette conquête, et cela parce qu'il se refuse à la voir et à la nommer comme telle. L'État a bien été obligé d'admettre, à cause des attentats et des massacres djihadistes, que l'islamisme était entré en guerre contre l'Occident. Mais il s'obstine à ne pas voir que l'islam est en train de conquérir l'Europe. L'État ne veut pas voir que beaucoup de musulmans dits modérés sont eux aussi, sans le dire, dans une logique de conquête, mais de conquête patiente. Ils savent que la démographie joue en faveur de l'islam, grâce au nombre d'enfants des femmes musulmanes et à l'incessante arrivée de nouveaux immigrés musulmans. Ils savent que tôt ou tard, la situation de l'islam sera assez forte pour qu'il puisse, directement ou indirectement, prendre le pouvoir en France et peut-être dans d'autres pays européens. Mais, cette conquête musulmane silencieuse et perfide, l'État ne veut pas la voir et en conséquence il ne fait rien contre elle.

Fondamentalement, c'est la religion des droits de l'homme qui, en obligeant l'État à se situer dans un monde imaginaire, l'empêche de voir la réalité de la conquête feutrée par l'islam de la France et des pays voisins. Mais la majorité de la population est tout aussi coupée du réel que ses dirigeants, sous l'effet de la propagande inculquée dès les bancs de l'école et ressassée par les médias qui présente impudemment l'islam comme forcément doux et pacifique.

Pourtant, le réel se rappelle périodiquement aux dirigeants comme à l'opinion publique, sous la forme terrifiante de la violence djihadiste. Celle-ci nous contraint à voir l'intégralité de ce qu'est la réalité de l'islam en nous présentant son visage d'ombre, son visage terrible, que veut nous dissimuler le discours lénifiant des imans adeptes du mensonge légal et des collabos de l'islamisation de la France, qu'ils appartiennent au monde politique, à la magistrature, au sérail universitaire ou aux médias. Si bien que, paradoxalement, notre seul espoir que la France et l'Europe ne tombent finalement pas dans l'escarcelle de l'islam réside peut-être dans l'horreur et la répétition des massacres de masse et des assassinats commis par des musulmans. Étrangement, la monstruosité même du terrorisme qui flagelle au nom d'Allah l'Europe occidentale et tout particulièrement la France permettra peut-être d'inverser le processus de la conquête musulmane, en contraignant le pouvoir politique, sous la pression de l'opinion, à prendre enfin des mesures énergiques pour préserver l'indépendance nationale et l'intégrité du territoire. Car, face à une entreprise conquérante, il est légitime que le peuple autochtone préserve sa survie en restant maître de son pays. Sur son territoire, chaque peuple a droit à ce que soit respectée « son identité propre »[236].

Mais si ce sursaut salvateur n'intervient pas – et il ne faut pas trop s'illusionner sur les chances qu'il intervienne –, le processus de la conquête musulmane en Europe et tout spécialement en France ne peut que se poursuivre et s'amplifier, jusqu'au jour où tomberont les masques et où l'islam prendra le pouvoir. Et si ce jour de deuil arrive ce sera, pour ce qui avait été la France et l'Europe, le commencement d'un très long hiver.

---

236. Sorel-Sutter (Malika), *Immigration-intégration*, Paris, Éd. des Mille et une nuits, 2011, p. 254.

Table des matières

Aux éditions de La Nouvelle Librairie

La peau sur la table

Une fin du monde sans importance, vol. 2, Xavier Eman, 2019.

Un traître mot, Thomas Clavel, 2020.

Les Cosaques et le Saint-Esprit, Bruno Lafourcade, 2020.

Le Banquet des Soudards, Bernard Lugan, 2020.

Hôtel Beauregard, Thomas Clavel, 2021.

Hécatombe. Pensées éparses pour un monde en miettes, Xavier Eman, 2021.

Dans l'arène

Courage ! Manuel de guérilla culturelle, François Bousquet, 2019.

Biopolitique du coronavirus. Télétravail, famille, patrie, François Bousquet, 2020.

La chape de plomb. Une déconstruction des nouvelles censures, Alain de Benoist, 2020.

La place de l'homme dans la nature. Réponse aux antispécistes, Alain de Benoist, 2020.

Thérapie de choc, Robert Ménard, 2021.

Refaire un peuple. Pour un populisme radical, Julien Langella, 2021.

Le Grand Remplacement. Introduction au remplacisme global, Renaud Camus, 2021.

Tocsin. Chroniques contre les liquidateurs de la France, Jérôme Rivière, 2021.

Survivre à la désinformation. Entretiens avec Nicolas Gauthier, Alain DE BENOIST, 2021.

Paris-Moscou. Aller simple contre le féminisme, Yannick JAFFRÉ, 2021.

ÉCLAIRS

Discours des fleuves de sang, Enoch POWELL, préface de Renaud Camus, introduction de Jean-Yves Le Gallou, 2019.

Pourquoi tant d'inégalités ? Guillaume TRAVERS, 2020.

Comment le capitalisme uniformise le monde ? Werner SOMBART, préface de Guillaume Travers, 2020.

Immigration de masse. L'assimilation impossible, Michel GEOFFROY, 2021.

ÉTERNEL RETOUR

La Révolution nationale, Georges VALOIS, préface de Guillaume Travers, 2019.

Le Politique ou l'art de désigner l'ennemi, Julien FREUND, textes présentés par Alain de Benoist et Pierre Bérard, 2020.

La Figure du Travailleur chez Ernst Jünger, Julius EVOLA, 2020.

Spengler, l'homme des faits, Hermann VON KEYSERLING, préface de Laurent Schang, 2021.

Achevé d'imprimer en octobre 2021 par

ISIPRINT
L'IMPRESSION DANS TOUTE SA DIMENSION

139 rue Rateau
93120 La Courneuve

Numéro d'impression : 160900

Imprimé en France